Das Vorlesebuch für kleine starke Freunde

# Das Vorlesebuch für kleine starke Freunde

Mit Bildern von
Nina Hammerle

Thienemann

*Neue Lieblingsbücher entdecken, in spannenden Leseproben stöbern,*
*tolle Gewinne sichern und allerhand Lustiges und Wissenswertes erfahren –*
*das bieten unsere neuen Newsletter für große und kleine Leseratten.*
*Kostenlos anmelden unter www.thienemann.de*

Rothmund, Sandra (Hrsg.):
Das Vorlesebuch für kleine starke Freunde
ISBN 978 3 522 18294 2

Gesamtausstattung: Nina Hammerle
Einbandtypografie: Michael Kimmerle
Innentypografie: Bettina Wahl
Schrift: Meridien, Countryhouse
Satz: KCS GmbH, Buchholz/Hamburg
Reproduktion: Photolitho AG, Gossau/Zürich
Druck und Bindung: Livonia Print, Riga
© 2013 by Thienemann Verlag
(Thienemann Verlag GmbH) Stuttgart/Wien
Alle Rechte vorbehalten. Printed in Latvia.
5  4  3  2  1°        13  14  15  16

# Inhaltsverzeichnis

# Fremde Worte

von Cornelia Funke

Jeden Morgen, wenn Jule mit ihren Eltern zum Strand kam, war das andere Mädchen schon da. Mit seiner ganzen Familie. Immer an derselben Stelle, gleich neben dem Strandcafé.

»Können die sich nicht mal woanders breitmachen?«, raunte Jules Vater am fünften Tag.

»Wir gehen ja auch nie woanders hin«, sagte Jule und lächelte dem anderen Mädchen zu. Es grinste zurück. Ihm fehlte vorne ein Zahn, genau wie Jule.

»Du meine Güte, worüber reden diese Italiener bloß ständig?«, murmelte Jules Mutter, während sie sich eincremte. »Und dann in dieser Geschwindigkeit! Ein Wunder, dass sie nicht die eigene Zunge verschlucken.«

Jule schlenderte zum Wasser und watete hinein. Das Meer war warm und ganz glatt. Das fremde Mädchen ging ihr nach. Sie rannten zusammen den Wellen entgegen und kicherten, wenn ihnen das Wasser gegen den Bauch klatschte. Als sie genug davon hatten, setzten sie sich nebeneinander in den Sand und ließen das Meer an ihren sandigen Zehen lecken. Dann bauten sie eine Sandburg. Jule buddelte, und Rosetta holte Wasser. Jule kannte den Namen ihrer neuen Freundin, weil die dicke Großmutter immer »Ro-seeeettaaa!« über den Strand rief. Jule hätte gern mit ihr den Namen getauscht. Rosetta klang viel besser als Jule. Wenn sie die Sandburg mit Muscheln verzierten, legte Jule Herzen und Rosetta kleine Blüten. Zum Schluss, wenn nicht eine Muschel mehr auf die Burg passte, grinsten sie sich an und sprangen mitten in ihr Kunstwerk.

Manchmal gab Rosettas Oma ihnen Kekse. Dann sorgte Jule für die Getränke. Mama behauptete zwar immer, dass sie

kaum genug für sie drei dabeihatte. Aber wenn sie erst mal in ihrem Liegestuhl schlief, holte Jule die große Saftflasche aus ihrer Tasche. Dann teilte sie sich einen Becher davon schwesterlich mit Rosetta.

Am siebten Ferientag war Rosetta noch nicht da, als Jule an den Strand kam.

»Na bitte«, sagte Jules Vater. »Endlich kriegen wir mal den besten Platz.«

Jule suchte den ganzen Strand nach Rosetta ab. Zwei trostlos langweilige Stunden später kam sie. Aber diesmal war nicht ihre ganze Familie dabei, sondern nur ihre dicke Großmutter. Schwer atmend ließ sie sich in einen Liegestuhl plumpsen und lächelte Jule zu. Jule lief gleich ins Meer, aber Rosetta blieb am Strand stehen. Sie hielt Jule etwas hin, ein kleines Muschelarmband, durch das kaum Jules Hand passte. Dann drückte sie Jule einen kleinen gefalteten Zettel in die Hand.

»Was hast du da für einen Zettel?«, fragte Mama, als sie abends auf dem Hotelbalkon saßen.

»Rosettas Adresse«, sagte Jule und strich den Zettel glatt. »Ich hab ihr meine auch aufgeschrieben. Rosetta ist nämlich weg.«

»Rosetta? War das das italienische Mädchen am Strand?«, fragte Papa. »Wie willst du der denn schreiben? Und woher weißt du, dass sie weg ist?«

Jule zuckte die Achseln. »Hat sie mir gesagt.«

Ihre Eltern guckten sich an. »Ach ja, wie habt ihr euch denn unterhalten?«, fragte Papa spöttisch. »Auf Englisch?«

»Blödsinn.« Jule sah ihn ärgerlich an. »Rosetta hat Italienisch geredet und ich Deutsch. Italienisch kitzelt im Bauch, wenn man zuhört. Habt ihr das schon mal gemerkt?«

Hatten sie nicht.

Als Jule nach Hause kam, steckte schon eine Postkarte von Rosetta im Briefkasten. Vorne drauf war Venedig, und auf die Rückseite hatte Rosetta ein Herz aus Muscheln gezeichnet. Das hatte sie ziemlich gut hingekriegt, fand Jule. Sie schickte Rosetta die allerallerschönste Karte, die sie von Hamburg finden konnte. Auf die Rückseite schrieb sie: »Tanti saluti von Jule«, das hatte sie in Papas Reisewörterbuch nachgeguckt. Darunter zeichnete sie ihr Meerschwein, aber das kriegte sie nicht halb so gut hin wie Rosetta die Muscheln. Also guckte sie noch mal ins Wörterbuch und schrieb »porcellino« drunter – vorsichtshalber.

# Wie das Kaninchen mutig wurde

von Käthe Recheis

Es war einmal eine kleine Katze und ein kleines Kaninchen. Sie wohnten in einem alten Baum, die Haustür war ganz unten am Stamm zwischen zwei großen Wurzeln. Nicht weit von ihrem Baum floss ein Bach vorbei. Am Ufer wuchsen Büsche und Weiden, im Gras blühten Blumen.

Die kleine Katze und das kleine Kaninchen waren immer beisammen. Sie spielten miteinander, sie standen zur gleichen Zeit auf und gingen zur gleichen Zeit schlafen. Bessere Freunde als die zwei konnte man nirgends finden.

Nur eines war nicht so, wie es sein sollte.

Das kleine Kaninchen fürchtete sich immer! Die kleine Katze aber hatte niemals Angst, auch dann nicht, wenn die Nacht kam und es dunkel wurde und es einmal da knisterte und einmal dort.

»Kaninchen«, sagte die kleine Katze, »du brauchst keine Angst zu haben. Ich bin sehr mutig und ich beschütze dich vor Tigern und Riesen und Ungeheuern.«

»Ich habe keine Angst«, sagte das kleine Kaninchen. Seine großen Ohren zitterten, denn irgendwo raschelte es und knackte es.

»Kaninchen!«, rief die kleine Katze. »Du wirst dich doch nicht schon wieder fürchten!«

»Ich fürchte mich nicht«, wollte das kleine Kaninchen sagen, aber dazu kam es nicht mehr. Es hatte sich schon hinter dem nächsten Busch verkrochen.

Ja, das war schlimm!

Immer hatte das kleine Kaninchen Angst. Nichts konnten die beiden in Ruhe tun. Wenn sie beim Essen waren und es sich schmecken ließen, da brauchte die kleine Katze nur zu sagen: »Hab keine Angst, Kaninchen, ich beschütze dich vor Tigern und Riesen und Ungeheuern ...« – und schon kroch das kleine Kaninchen unter sein Bett und wagte sich nicht mehr hervor.

Waren sie auf der Wiese, rannte das kleine Kaninchen plötzlich mitten im Spiel fort. Es versteckte sich im Haus, nur weil die Wellen im Bach plätscherten oder ein Ast im Wind seufzte.

»Dieses Kaninchen macht mich noch ganz verrückt!«, dachte die kleine Katze.

Eines Abends saßen sie am Bach, es war ein wunderschöner Abend. Der Mond stand am Himmel, rund und weiß, auf dem Wasser blitzten Funken. Die Welt war still und feierlich. Nur die Wellen glucksten und irgendwo regte sich ein Vogel.

»Ach«, sagte die kleine Katze, »gibt es etwas Schöneres, als dazusitzen und im Mondlicht zu träumen?«

»Nein«, sagte das kleine Kaninchen. Seine großen Ohren zitterten und lauschten und horchten.

»Kaninchen!«, rief die kleine Katze. »Du wirst dich doch nicht schon wieder ...«

Und dann sagte sie nichts mehr. Das kleine Kaninchen war ins Haus gerannt und hatte sich unter dem Bett verkrochen.

»Jetzt ist es zu viel!«, sagte die kleine Katze. »Nichts kann ich in Ruhe tun. Nicht einmal im Mondlicht träumen! Was nützt es, einen Freund zu haben, wenn man dabei verrückt wird.«

Die kleine Katze ging fort und wanderte am Bach entlang. Als sie lange gewandert war, setzte sie sich am Ufer nieder, schaute zum Mond auf und träumte. »Wie gut ist es, dass ich allein bin«, dachte die kleine Katze und war glücklich.

Jetzt endlich hatte sie ihre Ruhe.

»Ich werde mir ein neues Baumhaus suchen«, sagte sie, »und dort will ich dann leben, ganz allein.«

Die kleine Katze hätte dem Kaninchen gern erzählt, was sie vorhatte und wie schön das Leben sein würde, ganz allein.

Aber das kleine Kaninchen war nicht da. Es war daheim, saß unterm Bett und fürchtete sich.

Die kleine Katze wanderte weiter. Am Ufer saß ein Waschbär und holte Krebse unter den Steinen hervor.

»Waschbär«, sagte die kleine Katze, »ich suche ein Baumhaus, hörst du, dort will ich dann leben, ganz allein.«

Der Waschbär gab keine Antwort, er war viel zu eifrig dabei, Krebse zu fangen.

Die kleine Katze wanderte weiter und weiter und kam zu den Fischottern.

»Fischotter«, sagte die kleine Katze, »ich suche ein Baumhaus, hört ihr, dort will ich dann leben, ganz allein.«

Die Fischotter gaben keine Antwort, sie schlitterten vom Ufer ins Wasser, kletterten heraus und schlitterten wieder hinein. Sie merkten nicht, dass die kleine Katze da war, so vertieft waren sie in ihr Spiel.

»Es ist schön, allein zu sein!«, sagte die kleine Katze und ging weiter. Schade nur, dass ihr niemand zuhörte. »Macht nichts!«, sagte die kleine Katze. »Ich werde schon jemanden finden.«

Mond und Sterne erloschen. Es wurde Morgen. Die Vögel erwachten und sangen ihre Lieder. Wenn ein Lied zu Ende war, fingen sie wieder von vorne an. Um die kleine Katze kümmerten sie sich nicht.

Im Baumhaus war es auch Morgen geworden. Unter dem Bett war es schon fast hell. Das kleine Kaninchen wagte sich nicht darunter hervor. »Die Katze ist fort«, dachte es, »jetzt habe ich niemanden, der mich beschützt, wenn die Tiger kommen, die Riesen und Ungeheuer.«

Die kleine Katze ging über eine Wiese und dachte an das kleine Kaninchen. Was wird es jetzt wohl tun? »Sich fürchten!«, sagte die kleine Katze. »Oh, es ist schön, dass ich allein bin und meine Ruhe habe.«

Die kleine Katze ging und ging und ging, suchte ein Baumhaus, fand aber keines. Sie begegnete auch niemandem, mit dem sie reden konnte und der ihr zuhörte. Keiner hatte Zeit.

Die Biber mussten Bäume fällen für ihr Haus im Wasser.

Der Igel lief durchs Gras und hatte es eilig, er wollte zu dem Platz kommen, wo die vielen Pilze wuchsen.

Das Eichhörnchen oben im Baum keckerte, warf eine Nuss herunter und flitzte dann hoch hinauf in den Wipfel.

Und die Maus – ja, die rannte gleich fort, als sie die Katze nur von Weitem sah.

Es war nicht leicht, jemanden zu finden, mit dem man reden konnte und der einem zuhörte, wenn man ganz allein lebte und keinen Freund mehr hatte. Die kleine Katze merkte das jetzt. Aber sie verlor den Mut nicht und ging weiter und weiter und weiter.

Die Sonne stand hoch am Himmel und schien warm herab. Im Baumhaus war es ganz hell geworden. Das kleine Kaninchen kroch unter dem Bett hervor und wagte sich ins Freie.

Oben im Baum flüsterten die Blätter, in den Büschen raschelte es. Das kleine Kaninchen rannte ins Baumhaus und versteckte sich wieder unter dem Bett. »Jetzt kommen sie«, dachte es, »die Riesen und Tiger und Ungeheuer, und nehmen mir das Baumhaus weg.«

Das kleine Kaninchen legte die Pfoten vors Gesicht und wollte nichts hören und nichts sehen. Wenn die kleine Katze heimkehrte, dann hatte sie kein Baumhaus mehr.

»Oh, die arme Katze!«, dachte das kleine Kaninchen. »Sie ist mein bester Freund und ich lasse es zu, dass unser Baumhaus gestohlen wird.«

Das kleine Kaninchen schlüpfte unter dem Bett hervor, ging leise zur Tür und lugte hinaus.

Hinter einem Busch raschelte es, im Bach plätscherte es.

»Ich muss unser Baumhaus beschützen«, sagte das kleine Kaninchen. »Ich muss die Tiger verjagen, die Riesen und die Ungeheuer.«

Das kleine Kaninchen schlich zum Bach. Es zitterte, die langen Ohren bebten.

»Ich fürchte mich nicht«, sagte das kleine Kaninchen, aber es hatte so große Angst, dass es dreimal ins Haus zurückrannte und sich unterm Bett versteckte. Erst beim vierten Mal wagte es sich hin zum Busch.

Hinter dem Busch war niemand, nur die Blätter flüsterten im Wind. Und was im Bach plätscherte, war nur ein Fisch, der nach einer Fliege sprang.

»Da ist ja niemand!«, sagte das kleine Kaninchen. »Kein Tiger, kein Riese, kein Ungeheuer. Ich habe sie alle verjagt! Oh, wie mutig bin ich! Wie mutig!«

Das kleine Kaninchen tanzte vor Freude, tanzte vor Freude und sang immer wieder: »Wie mutig bin ich! Wie mutig!«

Die Dämmerung kam, die Welt wurde grau. Das kleine Kaninchen saß vor dem Baumhaus und war glücklich. »Ich habe unser Haus beschützt«, sagte es, »damit die Katze nicht traurig sein muss, wenn sie heimkommt.«

Das kleine Kaninchen wusste nicht, dass die kleine Katze nicht heimkommen wollte und ein neues Baumhaus suchte.

Aber Baumhäuser gibt es nicht viele. Da kann man lange suchen! Die kleine Katze fand keines. Und den ganzen Tag war sie niemandem begegnet, der Zeit für sie hatte.

Da machte die kleine Katze kehrt und rannte und rannte und rannte und kam zum Baumhaus, als eben der Mond aufging, groß und rot hinter den Weiden.

»Kaninchen! Kaninchen«, rief die kleine Katze. »Ich bin wieder da!«

Dann saßen sie am Bach, es war ein wunderschöner Abend. Der Mond stieg höher, wurde kleiner und ganz weiß. Auf dem Wasser blitzten Funken.

»Es ist gut, einen Freund zu haben«, dachte die kleine Katze, »auch wenn er einen verrückt macht, weil man nichts in Ruhe tun kann.«

Die Welt war still und feierlich. Nur die Wellen glucksten und irgendwo regte sich ein Vogel.

»Jetzt wird das Kaninchen sich fürchten«, dachte die kleine Katze. »Jetzt gleich!«

Die kleine Katze wartete und wartete und wartete – aber das Kaninchen saß noch immer neben ihr.

»Los! Fürchte dich!«, sagte die kleine Katze. »Du kannst Angst haben, soviel du willst. Es macht mir nichts aus.«

»Weißt du, Katze«, sagte das kleine Kaninchen und die langen Ohren zitterten nicht, »ich habe unser Haus beschützt, damit du

nicht traurig sein musst, wenn du heimkommst und keines mehr hast.«

»Das war lieb von dir«, sagte die kleine Katze.

Sie saßen am Ufer, einer neben dem andern, schauten zum Mond auf und träumten und waren froh, dass sie einander hatten.

# Kai liebt Sarah liebt Tim

von Edith Schreiber-Wicke

Am Anfang wusste Kai nicht genau, was es war.
Es brummelte im Bauch, kribbelte im Magen und
trommelte in den Ohren. Alles zusammen fühlte
sich seltsam an. Aber ganz angenehm. Kai brauchte ein paar Tage, um herauszufinden, woran es lag.
Dann wusste er es.

Immer wenn Sarah ihn ansah, dann brummelte es im
Bauch, kribbelte im Magen und trommelte in den Ohren.
Noch nie war Kai so gern aufgestanden. Er trödelte auch
nicht mehr beim Anziehen. Er trank seinen Frühstückskakao
in einem Zug aus. Und hatte keine Schwierigkeiten damit, sei-
ne Turnschuhe zuzubinden.
»So gern bist du noch nie in den Kindergarten gegangen«, sagte
Kais Mutter verwundert.
Dann kam der Tag, an dem Sarah Kais Hand nahm. Es war beim
Spielen im Garten.

»Willst du nicht mein Freund sein?«, fragte Sarah. Und erklärte auch gleich, warum sie fragte. »Mit dir spiel ich nämlich am allerliebsten.«

Kai nickte stumm und ließ Sarahs Hand erst los, als sie auf die Schaukel klettern wollte.

Als Kai mit seiner Mutter nach Hause ging, wunderte er sich darüber, dass es auf einmal keine grauen Häuser mehr gab. Irgendwer hatte alle himmelblau und hellgelb und rosarot bemalt. Kai hatte das Gefühl, es würde jeden Augenblick Teddybären regnen.

Sarah redete ziemlich viel. Genau genommen redete sie immer. Kai fand das sehr praktisch, weil er überhaupt nicht gern redete.

Sarah sagte witzige Sachen, über die man lachen konnte. Sie fragte nach allem, was sie wissen wollte. Sie schimpfte laut, wenn sie sich ärgerte. Aber das Schönste war eindeutig, wenn sie sagte: »Kai ist mein Freund!« Sie sagte es ziemlich oft.

Zum Glück konnte Kais Mutter Sarahs Mutter gut leiden. Und Kais Vater konnte mit Sarahs Vater über Computer reden. Das war sein Lieblingsthema. Kai war es egal, worüber die Großen redeten. Wichtig war ihm, dass es keine sarahlosen Sams- und Sonntage mehr gab.

Und nie mehr schlechtes Wetter. Sonne war sowieso in Ordnung. Und Regen war genauso gut. Weil man da im Zimmer Memory und Domino spielen konnte.

Dann war plötzlich alles anders. Dieser ganz bestimmte Tag benahm sich vom allerersten Augenblick an sehr verdächtig. Beim Frühstück stürzte sich die Kakaotasse kopfüber vom Tisch. Dann versteckte sich Kais linker Turnschuh unter einem Stapel Altpapier.

Zu böser Letzt war da auch noch eine Stufe zu wenig oder zu viel. Jedenfalls musste Kais zerschrammtes Knie mit einem Pflaster versorgt werden.

An diesem Tag kam Kai viel später als sonst in den Kindergarten. Als Kai ankam, war Sarah schon da. Sie saß mit den anderen Kindern im Kreis. Neben ihr war kein Platz mehr frei. Auf einer Seite saß Tim.

Auf der anderen Seite saß Hannah.

Kai setzte sich auf einen freien Platz. Sarah bemerkte nicht, dass Kai da war. Sie redete mit Tim. Das Buchstabenspiel war einfach. Man steckte magnetische Buchstaben an eine Tafel. Erst sollte jedes Kind seinen Namen schreiben. Und dann den Namen eines anderen Kindes. Kai schrieb SARAH, Sarah schrieb TIM.

Als später alle in den Garten gingen, hielt Sarah Tims Hand.

»Wo ist Sarah?«, fragte Kais Mutter, als sie ihn abholen kam. Kai sagte nichts. Er zog seine Turnschuhe an und ging zur Tür. »Willst du denn nicht auf Sarah warten?«, wunderte sich Kais Mutter.

Kai schüttelte den Kopf. »Sie liebt jetzt den Tim.« Er schaute seine Mutter an. Wenn sie das komisch fand, dann würde er fortgehen und sich eine neue Familie suchen. Kais Mutter lachte nicht. Sie fragte auch nicht. Sie nahm nur seine Hand ein bisschen fester und kaufte ihm seinen Lieblings-Schokoriegel. Leider schmeckte

der Schokoriegel nach Salz, was Schokoriegel nun wirklich nicht tun sollen.

Kai hätte gerne eine Hexe gefragt, wie man jemanden in eine Kröte verwandelte. Oder in ein Warzenschwein. Oder in eine Fledermaus. Nein, noch besser: in eine dicke fette Fliege. Aber Kai kannte keine einzige Hexe. Und die selbst erfundenen Zaubersprüche wirkten nicht.

Daher war Tim am nächsten Tag immer noch Tim. Und an allen weiteren Tagen auch. Kai versuchte es mit anderen Zaubertricks. Er stand am Fenster seines Zimmers und schaute auf die Straße. Wenn der nächste Hund, der vorbeikommt ein Dackel ist, dann wird alles so wie früher, dachte er. Er wusste, dass in der Nachbarschaft nicht weniger als fünf Dackel wohnten. Es kam kein Dackel. Es kam ein riesiges, schwarzstruppiges Monster. Kai beschloss die nächsten drei Hunde auch noch gelten zu lassen. Erst kam ein Dalmatiner. Dann ein Boxer. Zuletzt einer mit Schlappohren und krummen Beinen. Er war aber leider viel zu groß für einen Dackel. Da wusste Kai, es würde nie mehr wie früher werden.

Es wurde ganz anders. Kai kam wieder einmal zu spät in den Kindergarten. Er hatte nicht aufstehen wollen. Der Kakao war viel zu heiß gewesen. Und die Turnschuhe hatten sich gegen das Zubinden gewehrt.

An der Magnettafel stand Hannah und schrieb ein Wort. »K« und »A« steckten schon an der Tafel. Das »I« hielt sie noch in der Hand. Hannah drehte sich um und schaute Kai an. Kai schaute Hannah an und wollte es zunächst nicht glauben. Aber es war einfach nicht zu überspüren: Es brummelte im Bauch, kribbelte im Magen und trommelte in den Ohren.

# Der kleine Herr Hummel

von Marc Limoni

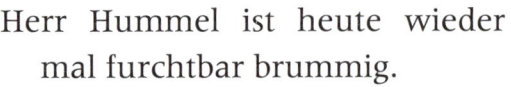

Herr Hummel ist heute wieder mal furchtbar brummig.

»Auf die Seite mit dir, du muffiger Erdklumpen.« Missmutig wühlt er den Eingang zum Erdloch frei. »Wie oft habe ich es schon gesagt, der Höhleneingang muss sauber bleiben. Wer hat denn die Erde hierhergeworfen?«

Wumm, da fällt eine Ladung feuchte Erde direkt auf Herrn Hummels Kopf.

»Brrrrummm, was soll denn das?« Herr Hummel schüttelt sich, klopft sein Fell sauber und rückt seine Fliege zurecht. Dann setzt er seine Flügelchen in Bewegung und fliegt brummend los.

»Wer war das?«, ruft er verärgert und fliegt direkt auf Fleckchens Hinterteil.

»Oh – Herr Hummel. Oh – ehm – Entschuldigung. Ehm – ich habe Sie gar nicht gesehen.«

»Dann mach doch deine Augen auf – du dusseliger Hund. Wenn das noch einmal passiert, dann, dann ...«, brummt Herr Hummel.

»Ja, ja, ich weiß schon, dann zeigen Sie mir Ihren Stachel. Aber nächstes Mal passe ich besser auf.«

»Das will ich ja wohl hoffen. Und jetzt geh beiseite. Ich muss Nektar sammeln.« Und schwupp ist Herr Hummel in einer Blüte verschwunden.

Das sieht lustig aus, denn die ganze Blume wackelt und aus der Blüte kommt ein tiefes Brummen.

Fleckchen muss lachen – wuhuhuff.

Oje. Wie der Blitz schießt Herr Hummel aus der Blüte hervor.

»Was gibt's denn da zu lachen, hä? Ich muss arbeiten und du machst dich darüber lustig. Na, dir werd ich's zeigen.«

Von allen Seiten fliegt er Fleckchen an und stürzt sich in sein Fell. Bruumm, bruumm. Wau, wuff. Das ist ein Spektakel. Fleckchen ist kitzelig und springt wie wild umher und das bringt Herrn Hummel nur noch mehr in Fahrt.

»Stopp, stopp, hört auf«, ruft Maulwurf Bruno.

»Bruno, was machst du denn hier?«, japst Fleckchen.

»Das ist aber nicht dein Revier. Komm ja nicht in die Nähe von meinem Erdloch«, brummt Herr Hummel mürrisch.

»Ach, lassen Sie mich doch mit Ihrem Erdloch in Ruhe. Sie haben auch immer was zu brummen, Herr Brummel – äh Hummel.«

»Herr Brummel, Herr Brummel«, prustet Fleckchen

los und Bruno muss so lachen, dass er sich den Bauch halten muss.

Beleidigt fliegt Herr Hummel zurück in sein Erdloch. »Ja, lacht nur über mich. Aber was soll man schon von einem alten Maulwurf und einem dusseligen Hund erwarten. Ich sag nur: Der Hund plemplem, der Maulwurf alt, wisst ihr was, das lässt mich kalt.«

»Ich bin nicht plemplem«, sagt Fleckchen entrüstet.

»Und alt bin ich auch nicht«, murrt Bruno.

Beleidigt ziehen die beiden davon.

Herr Hummel verzieht sich trotzig in sein Erdloch und räumt erst einmal gründlich auf. Ordnung muss sein. Und wie immer, wenn er sich geärgert hat, fängt er an zu reimen: »Eine Hummel, ganz allein, kann sehr wohl zufrieden sein. Auf Freunde ist sie nicht erpicht, denn die braucht sie wirklich nicht.«

Ratter, klapper, rengel, dängel.

»Ruhe da oben. Kann man nicht mal hier unten in Frieden gelassen werden? – Ähm, wo war ich stehen geblieben: Auf Freunde ist sie nicht erpicht, denn die braucht sie wirklich nicht. Die trampeln auf den Nerven rum, sind so gemein und lachen sich ...«

»Was ist da oben eigentlich los?« Herr Hummel krabbelt zum Höhleneingang. Zu! Der Höhleneingang ist voller Erde. Herr Hummel gräbt und gräbt, aber er kommt nicht durch. Die Erde ist ganz fest. So etwas hat Herr Hummel noch nie erlebt.

»Also das ist eine Unerhörtheit. Also so eine Unverschämtheit. Also ...«

Vor lauter Wut wird Herr Hummel immer dicker. Er bläst sich richtig auf und verfärbt sich orange. Er japst nach Luft. »Aufmachen, sonst passiert was. Aufmachen, sofort aufmachen.« Herr Hummel schreit und tobt, bis er ganz erschöpft in die Ecke fällt.

Oben auf der Wiese sind Bruno und Fleckchen beim Spielen.

»Ich zähle bis 20 und du versteckst dich«, sagt Fleckchen, »aber du darfst nicht unter die Erde.«

»Au ja«, ruft Bruno und versteckt sich hinter dem Busch, »von dem muffigen Herrn Hummel lassen wir uns doch nicht die Laune verderben. Der soll ruhig alleine versauern.«

»Eins, zwei, drei, vier«, fängt Fleckchen an zu zählen.

Ratter, klapper, rengel, dängel.

Erschrocken kommt Bruno hinter dem Busch vor. »Fleckchen, was ist das, was macht da so? Ich hab Angst.«

Krach, bumm, ratter, klapper. Ein riesengroßer Raupenbagger fährt über die Wiese und zieht einen Baumstamm hinter sich her.

»Ach, das sind nur die Waldarbeiter. Komm, Bruno, wir spielen weiter.«

»In dieser alten Mäusehöhle muss es doch noch mehr Gänge geben«, brummt Herr Hummel vor sich hin. Er krabbelt in jede Öffnung, die er finden kann, aber immer stößt er nach einer Weile auf eine feste Erdschicht.

»Aufmachen. Sofort aufmachen«, brüllt er wütend und verzweifelt. »Ist da keiner, der mich hört? Das ist doch wirklich unerhört. Einer Hummel, wisst ihr nicht, muss man gehorchen, oder nicht?«

Erschöpft setzt sich Herr Hummel in die Ecke. Er hat Hunger und Durst. Leise reimt er vor sich hin: »Eine Hummel, ganz allein, kann auch ganz schön traurig sein.«

Oben auf der Wiese spielen Bruno und Fleckchen immer noch Verstecken.

»Dass Herr Hummel gar nicht mehr rauskommt. Er ist zwar ein alter Dickkopf, aber er ist nie so lange trotzig«, überlegt Fleckchen. »Eigentlich ist es lustig mit ihm.«

»Weißt du, der ...« Bruno wird plötzlich ganz starr. »Fleckchen, der Bagger! Herr Hummels Höhle, ojemine.«

Fleckchen erschrickt. »Stimmt, Bruno, vielleicht ist der Höhleneingang zu und Herr Hummel ist eingesperrt.«

»Vielleicht ist die Höhle sogar eingestürzt«, ruft Bruno aufgeregt. Schon rennt Fleckchen los zur Wiese.

Bruno nimmt einen unterirdischen Gang und ist noch schneller dort.

»Du meine Güte, hier ist ja alles platt gewalzt. Wie sollen wir bloß die richtige Stelle finden?«

Fleckchen fängt an wie wild zu buddeln. »Bruno, so finden wir Herrn Hummel nie. Wir müssen uns etwas einfallen lassen. Hast du eine Idee?«

Bruno denkt angestrengt nach.

Nach einer Weile springt er auf. »Ja, ich weiß, was wir machen. Ich krieche unten durch die Erdgänge und rufe, so laut ich kann, nach Herrn Hummel. Dann lausche ich, ob es irgendwo brummt.«

Bruno kriecht in einen Höhleneingang und ruft und lauscht. Er kann kein Brummen hören, aber er hört nicht auf zu rufen: »Herr Huuuummel!«

»Freunde sind das höchste Gut. Man hat sie gern, und das tut gut. Wenn ich doch bloß welche hätte, große, kleine, einfach nette, dann wär' ich lieber auch mal nett, weil ich dann ja Freunde hätt'. – Jetzt fang ich schon an, Stimmen zu hören, oder was war das?« Herr Hummel fürchtet sich. Er brummt vor Angst ganz laut und macht die Augen zu. Plötzlich fällt eine Ladung Erde auf seinen Bauch und Bruno streckt seinen Kopf durch ein Loch in der Höhlendecke.

»Ja potz Blitz! Hab ich nicht gesagt, du sollst meinem Erdloch fernbleiben«, brummt Herr Hummel. »Schau dir nur mein Pelzchen an, alles voller Erde.«

Bruno schießt aus dem Loch, umarmt Herrn Hummel und

drückt ihn ganz fest. »Brummiger Brummel, bin ich froh, dass Ihnen nichts passiert ist.«

Herr Hummel schüttelt sich, klopft verlegen sein Fell glatt und rückt seine Fliege zurecht. »Danke«, brummt er gerührt. Und damit Bruno die Tränen in seinen Augen nicht sieht, dreht er sich schnell zur Seite.

»Kommen Sie schnell raus, Herr Hummel. Fleckchen macht sich große Sorgen und hier unten herrscht Einsturzgefahr.«

Bruno kriecht voraus und zeigt Herrn Hummel den Weg nach oben.

Als Fleckchen die beiden sieht, macht er einen Freudentanz. Bruno klatscht in die Hände und Herr Hummel reimt: »Eine Hummel und zwei Freunde, das ist schön wie Sonnenschein, eine Hummel und zwei Freunde, das ist besser als allein, eine Hummel und zwei Freunde, lasst uns immer Freunde sein.«

# Typisch Erdferkel

von Dorothee Haentjes

Ernst Erdferkel verließ seine Schlafhöhle und lief durch das Zick-zack seiner unterirdischen Gänge zum Eingang des Baus.

Wie immer, wenn er aufwachte, stand die Sonne als riesiger roter Ball über dem Horizont der Steppe. Das war für Ernst der beste Moment, um seinen Tag zu beginnen. Er fühlte sich ausgeruht und voller Tatendrang.

Am Fuß des Berges, der hinter Ernsts Bau lag, saßen die anderen Tiere. Sie hockten paarweise zusammen und sahen der Sonne zu, die langsam auf den Horizont herabsank.

»Guten Morgen!«, rief Ernst ihnen zu.

Die anderen guckten komisch.

»Guten Abend«, antwortete ein Wüstenfuchs.

»Wollen wir heute etwas zusammen unternehmen?«, fragte Ernst. »Wir könnten auf den Berg klettern und die Welt erkunden.«

»Das ist mal wieder typisch Erdferkel«, antwortete ein Präriehund und unterdrückte mühsam ein Gähnen. »Heute ist doch schon fast vorbei. Die Sonne geht ja gerade unter. Der Tag ist zu Ende, und alles, was wir heute noch unternehmen, ist schlafen gehen.«

»Bist du denn gar nicht müde?«, erkundigte sich ein Wüstenfuchs.

Ernst schüttelte den Kopf. »Nein. Ich doch nicht! Ich bin ja gerade erst aufgestanden.«

»Tagsüber schlafen und am Abend aufstehen! Habt ihr das gehört?«, spottete ein anderer Präriehund.

»Weißt du was, Ernst? Du bist bei uns hier einfach falsch! Vielleicht gehörst du ja auf die andere Seite der Welt?«

Und dann lachten alle.

Alle, außer Ernst.

Es war jeden Abend dasselbe: Ernst stand bei Sonnenuntergang auf, und die anderen Tiere gingen schlafen.

Ich armes Schwein, dachte Ernst. Ich bin jede Nacht allein. Wenn ich nur wüsste, ob es irgendwo auf der Welt noch ein Erdferkel wie mich gibt. Ich würde sogar bis ans andere Ende der Welt laufen, um es zu finden. Wie es da wohl aussieht, am anderen Ende der Welt, überlegte er weiter. Wenn unsere Sonne hier untergeht, geht sie dort auf, wie bei einem Spiegelbild. Vielleicht gibt es ja überhaupt alles, was es auf dieser Seite der Welt gibt, dort noch mal. Bloß genau anders herum. Dann müsste es mich selbst ja auch noch mal geben, schloss er. Und dann wäre ich nicht mehr so allein. Ich hätte jemand, mit dem ich die Welt erkunden könnte.

Er grunzte erleichtert. Jetzt wusste er, was er zu tun hatte.

Ernst lief in den entlegensten Teil seines Baus. Ganz hinten, rechts in der Ecke, suchte er eine passende Stelle aus, dann begann er zu graben.

Er grub tiefer und tiefer und wühlte sich schnaufend voran. Er wollte nicht eher aufhören, bis er am anderen Ende der Welt wieder herauskam.

Gerade hatte er wieder eine ordentliche Fuhre Sand losgerissen und wollte sie mit seinem Rüssel über seinen Rücken werfen, als er plötzlich etwas Weiches, Feuchtes an seiner Nasenspitze fühlte. Dieses Etwas hatte offenbar genau die gleiche Größe wie sein Rüssel. Dazu war es rund und hatte in der Mitte zwei Löcher. Es

war auch beweglich. Es konnte sich nach oben aufrichten und schnuppern, und es konnte abfällig schnaubend abknicken, genau wie Ernsts Rüssel. Und sobald Ernst ausatmete, wobei einige Sandkörner von seinen Nüstern flogen, bekam er kurz darauf selbst eine Portion Sand in die Nase geblasen. Der Sand juckte, und Ernst musste niesen – laut und trompetend. Und das weiche Ding vor seinem Rüssel tat in diesem Moment genau dasselbe. Zuerst war Ernst wie erstarrt. Doch dann grub er vorsichtig weiter.

Wenig später fühlte er, wie jemand mit ihm gemeinsam den Sand wegriss.

Dann standen sie sich gegenüber. Kein Zweifel: Es sah genauso aus wie Ernsts Spiegelbild.

»Aha!«, rief Ernst. »Da bin ich ja! Du bist ich.«

Sein Gegenüber schwieg zunächst.

»Oh nein«, entgegnete es dann. »Ich bin nicht du, sondern du bist ich.«

»Das kann ja gar nicht sein«, antwortete Ernst. »Schließlich habe ich mit dem Graben begonnen.«

Ernsts Ebenbild schüttelte den Kopf. »Keineswegs, ich habe damit angefangen.«

Ernst wusste einen Augenblick lang nicht, was er sagen sollte. Dann hatte er eine Idee.

»Wo hast du denn zu graben begonnen?«

»In meinem Bau, ganz hinten, in der linken Ecke.«

»Aha!«, sagte Ernst. »Ich habe nämlich in meinem Bau ganz hinten rechts in der Ecke angefangen. Wie sieht es denn bei dir aus, ich meine, vor deinem Bau?«, forschte er weiter.

»Am Horizont vor meinem Bau geht jeden Morgen die Sonne auf«, antwortete Ernsts Gegenüber nicht ohne Stolz.

»Interessant«, bemerkte Ernst, »denn vor meinem Bau geht sie jeden Abend unter. Und das ist der Beweis! Wir sind unsere Spiegelbilder von der anderen Seite der Welt. Und weil du ich bist und ich du, haben wir im selben Moment angefangen zu graben und uns in der Mitte der Welt getroffen.«

»Ich will aber nicht du sein«, beharrte das andere Erdferkel. »Ich will ich sein.«

»So kommen wir nicht weiter«, stellte Ernst kopfschüttelnd fest.

»Weißt du was?«, fragte das andere Erdferkel nach einer Weile. »Ich fände es überhaupt viel schöner, wenn du gar nicht mein Spiegelbild wärst. Ich kenne mich doch schon in- und auswendig. Was soll ich mit einer zweiten Ermine? Das ist langweilig.«

»Wieso Ermine?«, fragte Ernst. Er stockte. »Du heißt Ermine? Dann ... dann bist du also gar nicht ich? Sondern du bist eine Erdferkeldame«, rief er überrascht aus und errötete kurz bis in die Schwanzspitze.

»Natürlich«, antwortete Ermine. »Was denn sonst?«

Ernst war plötzlich sehr aufgeregt.

»Ermine, ich habe einen Verdacht. Du bist nicht ich, und ich bin nicht du. Wir sind beide gar nicht unsere Spiegelbilder, sondern zwei verschiedene Erdferkel. Und das hier ist auch nicht die Mitte der Welt.«

Ermine schrak zurück.

»Bist du sicher?«, fragte sie.

Ernst zuckte mit den Schultern.

»Vielleicht haben wir beim Buddeln was falsch gemacht«, meinte er dann.

»Unmöglich«, entgegnete Ermine. »Was kann man beim Buddeln schon falsch machen? Einmal rechts, einmal links. Und dann im Zickzack einfach so weiter.«

»Im Zickzack«, wiederholte Ernst. »So grabe ich auch immer.«

»Natürlich«, antwortete Ermine. »Das ist doch typisch Erdferkel.«

Ernst stutzte. Typisch Erdferkel, das hatte der Präriehund auch zu ihm gesagt. Aber diesmal klang es sehr nett.

»Komm«, rief Ermine. »Wir sehen es uns an. Vielleicht finden wir den Fehler.«

Dann lief sie voraus, und Ernst folgte ihr im Zickzack durch die Gänge ihres Baus – eines ausgesprochen geschmackvoll angelegten Baus, wie Ernst im Vorüberlaufen neidlos feststellte.

Schon bald schimmerte durch den Eingang das Mondlicht in Ermines Bau. Gemeinsam traten sie hinaus. Es war eine wunderschöne Nacht.

»Hier ist es ja auch dunkel«, stellte Ernst überrascht fest. »Ich dachte, dass es auf dieser Seite der Welt hell sein müsste.«

Ermine deutete zum Horizont. »Da vorne geht die Sonne auf, wenn der Tag für mich zu Ende ist.«

»Wenn der Tag für dich zu Ende ist«, wiederholte Ernst nachdenklich. »Dann stehst du also auf, wenn die Sonne untergeht. Genau wie ich.«

Ernst sah sich um. Hinter Ermines Bau erhob sich ein mächtiger Berg. Jetzt erwachte in ihm die alte Abenteuerlust. »Ermine, hast du nicht Lust, mit mir auf diesen Berg zu steigen?«

Als sie den Gipfel erklommen hatten, stand der Mond genau über ihnen. Ernst und Ermine blickten den Weg zurück, den sie

gekommen waren. Da unten lag Ermines Bau. Ernst wandte sich zur anderen Seite.

»Ermine!«, rief er plötzlich aus.

»Was ist denn?«, antwortete Ermine.

»Ermine, da drüben, da ist ...«

Nun wandte auch Ermine sich um. Am Fuße des Berges lag ein weiterer Bau.

»Das ist mein Bau«, sagte Ernst fassungslos.

»Aber Ernst, soll das heißen, dass wir so nah beieinander wohnen und einander noch nie gesehen haben?«, fragte Ermine.

Ernst zuckte mit den Schultern. »Ich hatte doch niemanden, mit dem ich auf den Berg klettern konnte. Die anderen schlafen ja immer, wenn ich wach bin. Ich habe mir immer nur Sonnenuntergänge angesehen.«

»Und ich mir Sonnenaufgänge«, seufzte Ermine.

Nach einer Weile sagte Ernst: »Ermine, weißt du was? Du bist ein richtig nettes Erdferkel. Und ich bin froh, dass du nicht ich bist, sondern du.«

»Mir geht es genauso, Ernst«, antwortete Ermine. Sie rückte ein Stück näher an Ernst heran.

»Von nun an können wir jede Nacht zusammen die Welt erkunden ...«, schlug Ernst vor.

»Natürlich«, antwortete Ermine. »Und uns gemeinsam am Morgen den Sonnenaufgang anschauen, wenn alle anderen noch schlafen.«

»Das ist einfach typisch Erdferkel!«, sagte Ernst und rückte seinerseits so nah an Ermine heran, dass ihn ihre Borsten schon ein wenig stachen.

Die Sommerferien sind fast vorbei. Wieder einmal ist Svenja bei ihrer Freundin Melanie. Sie haben den ganzen Nachmittag zusammen gespielt.

»Morgen ist mein erster Schultag«, sagt Melanie und zeigt Svenja stolz ihre Schultüte.

Svenja nickt. Sie hat ja mitgeholfen, als die Kinder im Kindergarten die Schultüten gebastelt haben. Die großen Kinder.

Svenja hat trotzdem mitgemacht, obwohl sie erst nächstes Jahr in die Schule kommt. Aber Melanie ist ihre allerbeste Freundin.

»Ich freue mich schon riesig auf die Schule«, sagt Melanie. »Ich kann es gar nicht erwarten. Bestimmt kann ich heute Nacht vor lauter Aufregung nicht schlafen.«

Svenja wird ein bisschen traurig. Sie würde morgen auch gerne in die Schule gehen. Doch sie ist erst fünf.

»Und wenn ich einfach mitkomme?«, schlägt sie Melanie vor.

Melanie schüttelt den Kopf. »Geht nicht«, meint sie. »Deine Eltern haben dich ja nicht in der Schule angemeldet.«

Das versteht Svenja. Trotzdem ist sie ein bisschen neidisch auf Melanie. Weil sie lesen und schreiben und rechnen lernen wird. Svenja kennt auch schon ein paar Buchstaben. Ihren Namen kann sie schon lange schreiben.

»Ich erzähle dir ganz genau, wie es in der Schule ist«, verspricht Melanie, als Svenja nach Hause geht.

Am nächsten Morgen im Kindergarten muss Svenja dauernd an Melanie denken.

Sie kann sich gar nicht darüber freuen, dass sie jetzt auch zu den großen Kindern gehört.

»Nächste Woche gehen wir in die Bäckerei und gucken zu, wie Brot gebacken wird«, sagt Gabi, die Erzieherin.

Svenja weiß, dass sie sich auch noch den Zahnarzt, das Forstamt und die Schule anschauen werden. Genau das hat Melanie nämlich letztes Jahr auch gedurft.

»Was ist denn los mit dir, Svenja?«, fragt Gabi. Sie merkt, dass Svenja traurig ist und zu nichts richtig Lust hat.

Zuerst druckst Svenja herum, aber dann erzählt sie Gabi, wie sehr sie Melanie vermisst. Und dass sie am liebsten auch in die Schule gehen würde, gleich heute.

Gabi versucht Svenja zu trösten. »Nächstes Jahr kommst du ja in die Schule. Ein Jahr ist gar nicht lang.«

Ist es aber doch, findet Svenja. Sogar sehr lang.

Am Nachmittag läuft Svenja gleich zu Melanie.

»Eigentlich habe ich keine Zeit«, sagt Melanie und macht ein wichtiges Gesicht. »Ich muss nämlich meine Hausaufgabe machen.« Sie soll ein Bild malen.

Svenja will wissen, wie es in der Schule gewesen ist.

»Unsere Lehrerin ist riesig nett«, erzählt Melanie. »Sie hat einen Kasperl mit ganz langen Beinen und der wird uns viele Sachen erklären.«

Im Klassenzimmer sitzt Melanie neben einem Jungen. Er heißt Meik und kann schon lesen. Melanie zeigt Svenja die knallig orange Mütze, die heute alle Erstklässler bekommen haben.

Svenja probiert die Mütze auf. Sie passt gut. Svenja schaut sich so lange im Spiegel an, bis Melanie ihr die Mütze wieder vom Kopf reißt. »He, das ist meine!«

»Ich will sie ja auch gar nicht behalten«, mault Svenja. Sie setzt sich neben Melanie an den Schreibtisch und guckt ihr zu, wie sie die Hausaufgabe macht.

Melanie malt sich mit der neuen Schulmütze. Zuerst mit Bleistift und danach mit Farbstiften.

Svenja seufzt. Sie würde jetzt auch gerne eine Hausaufgabe machen.

Melanie merkt, dass Svenja traurig ist und schiebt ihr einen blauen Buntstift zu. Svenja darf ein Hosenbein ausmalen.

Als das Bild fertig ist, laufen die beiden hinaus in den Garten und spielen. Es ist genauso wie früher. Svenja vergisst, dass Melanie ein Schulkind ist und sie selber noch in den Kindergarten geht. Sie haben viel Spaß zusammen.

Erst am Abend im Bett fällt es Svenja wieder ein. Sie spürt einen leichten Stich in der Brust. Sie hätte so gerne eine orange Erstklässler-Mütze!

Eine Woche vergeht. Zweimal kann Svenja nachmittags nicht mit Melanie spielen, weil Melanie zu Meik geht. Zu Meik, der schon lesen kann.

Svenja würde auch gerne lesen können. Zu Hause guckt sie in das Buch, aus dem Mama ihr immer vorliest. Sie starrt auf den Text und versucht ihn zu verstehen.

Es klappt nicht. Svenja feuert wütend das Buch aufs Sofa.

Mama streicht ihr übers Haar. »Geduld, Svenja«, sagt sie. »Nächstes Jahr lernst du lesen. Das ist früh genug.«

Am Montag will Svenja Melanie überraschen. Sie wartet vor dem Schultor auf ihre Freundin. Endlich läutet die Schulglocke. Die Tür geht auf und die Kinder strömen auf den Schulhof. Svenja reckt den Hals. Dann hat sie Melanie entdeckt und winkt ihr zu. Aber warum winkt Melanie nicht zurück? Hat sie Svenja nicht gesehen?

Svenja wartet, bis Melanie am Schultor vorbeikommt.

»Hallo, Melanie!«, ruft sie.

Melanie ist mit einem Mädchen zusammen, das Svenja nicht kennt. Es ist groß und dünn und hat lauter Sommersprossen.

»Meint die dich?«, fragt das Mädchen Melanie.

Melanie nickt.

»Aber die ist doch noch ein Kindergarten-Baby«, sagt die Sommersprossige.

Svenja hat es genau gehört. Sie wirft Melanie und ihrer Begleiterin einen bitterbösen Blick zu. Dann macht sie auf dem Absatz kehrt und läuft nach Hause. Dort verkriecht sie sich in ihrem Zimmer.

Mama will wissen, was los ist.

»Blöde Melanie«, schnieft Svenja. »Mit der spiele ich nie wieder!«

»Was ist denn passiert?«, fragt Mama.

Aber das sagt Svenja nicht.

»Habt ihr euch gestritten?«, bohrt Mama nach.

Svenja gibt wieder keine Antwort. Sie hat Tränen in den Augen. Mama soll die Tränen nicht sehen, deswegen dreht sich Svenja schnell um.

Wenig später ruft Melanie an. Svenja geht nicht ans Telefon.

»Willst du dich nicht wieder mit Melanie vertragen?«, fragt Mama.

Svenja presst die Lippen zusammen und schüttelt den Kopf.

Am Nachmittag läutet es an der Haustür. Draußen steht Melanie und macht ein zerknirschtes Gesicht.

Svenja sagt gar nichts, nicht mal »Hallo«.

Stumm schauen sich die beiden Mädchen an.

Svenja hätte Melanie am liebsten wieder die Tür vor der Nase zugemacht, aber Melanie schiebt schnell ihren Fuß dazwischen.

»Es tut mir leid«, sagt Melanie verlegen. »Katja ist doof. Ich hab ihr gesagt, dass du meine allerbeste Freundin bist und dass es mir völlig egal ist, ob du noch in den Kindergarten gehst oder nicht.«

Svenja schweigt.

»Hast du Lust, mit zu Meik zu gehen?«, fragt Melanie. »Der hat eine Wasserschildkröte. Und zwei Kaninchen. Und er freut sich, wenn du kommst. Ich soll dich unbedingt mal mitbringen, hat er gesagt.«

»Hat er das wirklich gesagt?«, fragt Svenja nach.

»Großes Ehrenwort«, sagt Melanie und legt die Hand aufs Herz.

Svenja guckt Melanie an. Melanie guckt Svenja an. Und dann müssen sie lachen. Alles ist wieder in Ordnung.

Hand in Hand laufen sie los und Svenja ist sehr, sehr froh.

# Die Geschichte von der Schüssel und vom Löffel

von Michael Ende

Es gab einmal zwei Königreiche, das eine lag links von einem hohen Berg und das andere rechts. Deshalb hieß der eine König der linke König, und der andere wurde der rechte König genannt. Dahinter soll nun niemand irgendetwas Tiefsinniges vermuten, sie hießen wirklich einfach nur so, und es hätte genauso gut umgekehrt sein können.

Der hohe Berg zwischen den beiden Reichen war ziemlich mühsam zu erklettern, deshalb tat es nie jemand, und so wussten die beiden Könige kaum etwas voneinander. Einer kümmerte sich nicht viel um den anderen. Und das ist bei Königen ja meist eher ein Vorteil.

Der rechte König hieß Kamuffel und der linke Pantoffel. Natürlich hatte jeder von ihnen auch eine Königin, die ihm beim Regieren half. Kamuffels Frau hieß Kamelle, und Pantoffels Frau hieß Pantine.

Da die beiden Reiche ziemlich klein waren, gab es übrigens nicht viel zu regieren. Deshalb spielte Kamuffel meistens mit Kamelle im Garten seines Schlosses Minigolf, jedenfalls im Sommer. Im Winter spielten sie Siebzehnundvier in ihrem Thronsaal.

Pantoffel dagegen spielte mit Pantine sommers im Garten Federball und im Winter im Thronsaal Zank-Patience. Das war der Unterschied.

Nun begab es sich, dass jede der beiden Königinnen zur gleichen Zeit ein Kind bekam. Pantine bekam einen Prinzen und Kamelle eine Prinzessin. Der Prinz wurde auf den Namen Saffian getauft und die Prinzessin auf den Namen Praline.

Zur Kindstaufe wurden von beiden Königshäusern Einladungskarten an die jeweilige Verwandtschaft geschickt. Könige und Königinnen haben häufig eine sehr weitverzweigte und unübersichtliche Verwandtschaft. Und so geschah es, was ja auch in an-

deren Märchen schon vorgekommen ist: Eine besonders empfindliche Urgroßstiefcousine dreizehnten Grades, die zufälligerweise sowohl mit dem linken wie auch mit dem rechten Königshause gleichermaßen verwandt war, wurde von beiden vergessen.

Sie hieß Serpentine Irrwisch, lebte in einem fernen Lande unter einem ganz anderen Namen und war von Beruf offiziell Flohbändigerin. Inoffiziell und im Geheimen aber war sie Fee, und zwar eine böse.

Serpentine Irrwisch nahm die Sache schrecklich übel. »Wenn nur die einen mich vergessen hätten«, sagte sie zu sich, »dann würde ich eben zu der anderen Veranstaltung gehen – oder umgekehrt. Aber dass beide mich vergessen, das geht zu weit! Die Leute sollen mich kennenlernen! Und zwar so, dass sie noch lange an mich denken werden.« Und sie setzte sich auf ihren Feuerstuhl und brauste los.

Nun können böse Feen manches, was für normale Menschen unmöglich ist. Zum Beispiel können sie auf zwei Hochzeiten oder zwei Kindstaufen gleichzeitig tanzen. Wie sie das machen, wissen sie allein, und sie sagen es natürlich niemandem weiter.

Jedenfalls war die Verlegenheit bei beiden Königspaaren riesengroß, als plötzlich Serpentine Irrwisch unter den Festgästen auftauchte.

»Es tut uns wirklich schrecklich leid, liebe Urgroßstiefcousine« sagte König Kamuffel, »dass uns dieses Versehen passiert ist. Wir waren einfach nur etwas konfus wegen der Geburt des Kindes und so weiter. Es war nicht bös gemeint.«

Und mehrere Meilen weit fort auf der anderen Seite des Berges sagte im gleichen Augenblick König Pantoffel ganz genau dasselbe.

»Aber wir freuen uns natürlich, dass du trotzdem gekommen bist, liebe Serpentine«, setzte Königin Kamelle hinzu und küsste sie links und rechts auf die Wangen, »und nun ist doch hoffentlich alles wieder in Ordnung, nicht wahr?«

Und im anderen Königreich sprach Pantine gleichzeitig dieselben Worte.

»Na ja«, antwortete Serpentine Irrwisch auf beiden Seiten zu dem jeweiligen Königspaar, »zur Erinnerung an diesen Tag und an mich habe ich euch jedenfalls was Schönes mitgebracht.«

Und nun überreichte sie dem rechten Königspaar Kamuffel und Kamelle eine porzellanene Suppenschüssel. Auf dieser Suppenschüssel war in schöner blauer Farbe ein Schöpflöffel abgebildet, auf dem wiederum eine Suppenschüssel zu sehen war und auf dieser ganz klein ein Schöpflöffel und so immer weiter und immer kleiner bis zur Unsichtbarkeit.

»Dies«, erklärte Serpentine Irrwisch, »ist keine gewöhnliche Suppenschüssel, sondern eine mit ganz besonderen Eigenschaften. Davon merkt man allerdings nichts, solange man nicht mit dem dazugehörigen Schöpflöffel in dieser Schüssel herumrührt. Sobald man das aber tut, füllt sich die Schüssel ganz von selbst mit der leckersten und nahrhaftesten Suppe, die man sich wünschen kann. Und sie bleibt immer voll, so viele hungrige Mäuler auch von der Suppe essen.«

Kamuffel machte

große Augen und Kamelle fragte: »Und wo, bitte, ist der dazugehörige Schöpflöffel?«

»Das müsst ihr schon selber herausfinden«, antwortete Serpentine Irrwisch mit boshaftem Lächeln.

Genau zum gleichen Zeitpunkt überreichte sie dem linken Königspaar Pantoffel und Pantine den porzellanenen Schöpflöffel. Auf diesem Schöpflöffel war in schöner blauer Farbe eine Suppenschüssel abgebildet, auf der wiederum ein Schöpflöffel zu sehen war und auf diesem eine Schüssel und so immer weiter und immer kleiner bis zur Unsichtbarkeit.

»Dies«, erklärte Serpentine Irrwisch, »ist kein gewöhnlicher Schöpflöffel, sondern einer mit ganz besonderen Eigenschaften. Davon merkt man allerdings nichts, solange man mit ihm nicht in der dazugehörigen Suppenschüssel herumrührt. Sobald man das aber tut, füllt sich die Schüssel ganz von selbst mit der leckersten und nahrhaftesten Suppe, die man sich wünschen kann. Und sie bleibt immer voll, so viele hungrige Mäuler auch von der Suppe essen.«

Pantoffel machte große Augen, und Pantine fragte: »Und wo, bitte, ist die dazugehörige Suppenschüssel?«

»Das müsst ihr schon selbst herausfinden«, antwortete Serpentine Irrwisch und lächelte niederträchtig.

Danach setzte sie sich auf ihren Feuerstuhl und brauste aus beiden Ländern gleichzeitig davon.

Aber nicht für immer. Sie kommt in dieser Geschichte noch einmal vor.

Löffel und Schüssel jedoch waren nun da. Die beiden Königspaare sahen beunruhigt der Staubwolke nach, die Serpentine Irrwisch hinterließ, und begannen nachzudenken, was sie mit ihrem jeweiligen Geschenk eigentlich anfangen sollten. Aber das Nachdenken erwies sich als mindestens ebenso anstrengend wie das Bergsteigen.

Zuerst einmal versuchten König Pantoffel und Königin Pantine, in allen möglichen Schüsseln und Töpfen herumzurühren, die sie nur finden konnten. Das ganze Reich wurde auf den Kopf gestellt, aber keine einzige Schüssel war darunter, die sich von selbst mit Suppe füllte.

Ebenso versuchten König Kamuffel und Königin Kamelle, mit allen nur erreichbaren Löffeln in ihrer Schüssel herumzurühren, aber von Suppe zeigte sich keine Spur.

»Was für ein Löffel kann das nur sein?«, fragte Kamuffel schließlich entmutigt. »Es muss wohl ein ganz besonderer Löffel sein, meinst du nicht, meine Liebe?«

»Sicherlich«, antwortete Kamelle. »Wahrscheinlich ist es der Löffel, der auf der Schüssel abgebildet ist.«

»Du bist phänomenal, meine Liebe!«, rief Kamuffel bewundernd. »Da wäre ich nie draufgekommen.«

Zur gleichen Stunde fragte Pantoffel seine Frau: »Was für eine Schüssel kann das nur sein? Es muss wohl eine ganz besondere Schüssel sein, meinst du nicht, meine Teure?«

Und Pantine antwortete: »Vielleicht ist es die Schüssel, die auf dem Löffel abgebildet ist.«

»Du bist genial, meine Teure!«, rief König Pantoffel bewundernd. »Das hätte ich nie herausgefunden.«

Und nun wurde in jedem Königreich ein Bote ausgeschickt, der in aller Herren Länder nach dem jeweiligen Gegenstück fragen sollte. Der Bote aus dem linken Königreich suchte nach einer Schüssel, auf der ein Löffel abgebildet war, auf dem eine Schüssel zu sehen war und so weiter, während der Bote aus dem rechten Königreich nach einem Löffel suchte, auf dem eine Schüssel abgebildet war, auf der ein Löffel zu sehen war und so weiter. Die Boten suchten in der ganzen Welt, nur ausgerechnet nicht im benachbarten Königreich. Und außerdem wiederholten sie sich ständig ihren Auftrag: »... ein Löffel, auf dem eine Schüssel ist, auf der ein Löffel ist, auf dem eine Schüssel ist ...« oder: »... eine Schüssel, auf der ein Löffel ist, auf dem eine Schüssel ist, auf der ein Löffel ist ...«, bis sie schließlich selber nicht mehr wussten, was sie nun eigentlich suchen sollten, eine Schüssel oder einen Löffel. Aber nach Hause trauten sie sich auch nicht mehr, so unverrichteter Dinge, deshalb reisten sie einfach so weiter.

Die Königspaare hatten das anstrengende Nachdenken längst aufgegeben. Die Schüssel mit dem Löffel drauf oder den Löffel mit der Schüssel drauf hatten sie jeweils unter die anderen Kostbarkeiten in eine Glasvitrine in ihrer guten Stube getan. Dort verstaubten die Sachen langsam und niemand dachte mehr an sie. So vergingen die Jahre.

Inzwischen waren Prinz Saffian und Prinzessin Praline herangewachsen und waren nun zwei bildhübsche und sehr nette und gescheite Kinder. Da es ihnen zu Hause meist zu langweilig war, waren sie beide eines Tages auf den unbequemen Berg hinaufgeklettert und hatten sich auf dem Gipfel zum ersten Mal getroffen. Sie hatten sich gleich sehr gut verstanden, und außerdem gefielen sie sich auch gegenseitig über die Maßen; und so verabredeten sie seither immer wieder, sich dort oben zu treffen und miteinander zu spielen, denn sie wussten, dass ihnen dort hinauf niemand folgen würde. Und natürlich kamen sie auch irgendwann einmal auf die Sache mit dem Löffel und der Schüssel zu sprechen, die ja eigentlich ihre Taufgeschenke waren.

»Wir haben zu Hause eine Schüssel, auf der ein Löffel abgebildet ist, auf dem man eine Schüssel sieht und so weiter«, sagte Prinzessin Praline.

»Und wir haben zu Hause einen Löffel, auf dem eine Schüssel abgebildet ist, auf der man einen Löffel sieht und so weiter«, sagte Prinz Saffian.

»Dann ist doch alles ganz einfach«, meinte Prinzessin Praline. »Wir müssen die Sachen einfach zusammentun, und fertig.«

»Ich bin ganz deiner Meinung«, erwiderte Prinz Saffian. »Wir werden das unseren königlichen Eltern sagen.«

Danach gaben sich beide einen Kuss und stiegen in ihre jeweiligen Königreiche hinunter.

Die Eltern hörten sich an, was die Kinder an Neuigkeiten zu erzählen hatten, aber es stellte sich heraus, dass nach Meinung der Königspaare die Sache keineswegs einfach war.

»Hättest du doch nur nichts von unserem Löffel gesagt«, seufzte König Pantoffel und blickte seinen Sohn bekümmert an. »Du

60

hast leider überhaupt kein Gefühl für diplomatische Klugheit. Was soll nur aus dir werden, lieber Saffian?«

»Warum?«, fragte Saffian.

»Sie werden uns die Schüssel niemals geben«, sagte Königin Pantine.

»Wo sie doch nun wissen, dass wir den Löffel haben. Da hast du etwas Schlimmes angerichtet, dummer Junge.«

»Aber wir könnten uns doch einfach zusammentun«, schlug Prinz Saffian vor.

»Einfach zusammentun!«, rief König Pantoffell klagend. »Hat man so was schon je gehört! Nichts ist einfach auf dieser Welt, das solltest du dir beizeiten merken.«

Und im anderen Königreich sagte König Kamuffel zu seiner Tochter: »Hättest du doch nur nichts von unserer Schüssel gesagt! Wirst du denn niemals lernen, wie man wichtige Staatsgeschäfte behandeln muss? So wird niemals eine richtige Prinzessin aus dir, liebe Praline.«

»Warum?«, wollte das Mädchen wissen.

»Es ist doch ganz klar«, sagte Königin Kamelle, »dass sie uns den Löffel nicht geben werden, nachdem sie nun wissen, dass wir die Schüssel haben. Du hast alles verdorben, törichtes Kind.«

»Aber wir könnten uns doch einfach zusammentun«, schlug Prinzessin Praline vor.

»Einfach zusammentun!«, rief König Kamuffel schmerzerfüllt. »So geht das leider nicht. Bei Staatsgeschäften ist nichts einfach, daran solltest du immer denken.«

Da wurden beide Kinder traurig und ließen die Köpfe hängen.

Nun berief König Pantoffel eine streng geheime Kabinettssitzung ein, an der nur er und Königin Pantine teilnehmen durften. Zur gleichen Zeit tat König Kamuffel das Gleiche mit Königin Kamelle.

»Eines steht fest«, sagte König Pantoffel, »der Löffel mit der Schüssel drauf nützt uns überhaupt nichts ohne die Schüssel mit dem Löffel drauf.«

»Eines ist sicher«, sagte König Kamuffel, »die Schüssel mit dem Löffel drauf nützt uns überhaupt nichts ohne den Löffel mit der Schüssel drauf.«

»Wenn wir die Schüssel mit dem Löffel drauf hätten«, fügte Königin Pantine hinzu, »könnten wir alle Ernährungsfragen für uns und unsere Untertanen ein für alle Mal lösen.«

»Wenn wir den Löffel mit der Schüssel drauf besäßen«, erklärte Königin Kamelle, »wären alle Ernährungsfragen für uns und unsere Untertanen für immer gelöst.«

So weit war die Sache ganz klar. Nur wie man das, was jeweils die anderen hatten, bekommen konnte, das war das Problem. Keinem der beiden Königspaare fiel eine annehmbare Lösung ein, und sie hätten die ganze Angelegenheit am liebsten vergessen, aber das ging nun nicht mehr, weil sie ja jetzt wussten, dass die anderen gerade das hatten, was ihnen selbst fehlte. Das wurmte sie. So verging ein ganzes Jahr.

Die beiden Kinder trafen sich natürlich weiter wie bisher insgeheim auf dem Berggipfel. Für sie wäre die Sache wirklich ganz einfach gewesen, aber sie hatten ja leider nichts zu sagen.

Eines Tages, während Pantoffel und Pantine in ihrem Schlossgarten lustwandelten, kam die Königin auf eine Idee. Und damit auch bestimmt kein Unbefugter zuhörte, flüsterte sie sie ihrem Gemahl ins Ohr: »Wenn für uns der Löffel mit der Schüssel drauf nichts wert ist ohne die Schüssel mit dem Löffel drauf, dann ist doch für die anderen die Schüssel mit dem Löffel drauf ebenfalls nichts wert ohne den Löffel mit der Schüssel drauf.«

»Das ist richtig, meine Teure«, sagte Pantoffel.

»Dann könnte man«, fuhr die Königin fort, »ihnen die Schüssel mit dem Löffel drauf, die für sie nichts wert ist, doch einfach abkaufen.«

»Das ist ein guter Plan!«, rief König Pantoffel erfreut. »Die Schüssel mit dem Löffel drauf ist uns schon so gut wie sicher. Du bist wirklich phänomenal, meine Teure!«

Nun gab es im linken Königreich einen Innenminister, der aus Sparsamkeitsgründen zugleich Außenminister war. Er hieß Balduin Bückling und wurde mit »Exzellenz« angeredet. Er hatte eine Jacke, die er jeweils dem Amt entsprechend umwenden konnte – als Außenminister war die Jacke rot mit schwarzen Streifen, als Innenminister war sie schwarz mit roten Streifen.

Als König Pantoffel ihn zu sich rufen ließ, kam er zunächst als Innenminister, die Jacke war schwarz mit roten Streifen.

»Nein, Exzellenz Bückling«, sagte der König, »es handelt sich diesmal durchaus um eine äußere Angelegenheit.«

»Oh!«, rief der Innenminister und wendete die Jacke um. Nun war sie rot mit schwarzen Streifen, und er war Außenminister. »Worum handelt es sich, Majestät?«, fragte er und verbeugte sich.

»Nein, Exzellenz Bückling«, sagte der König, »Ihr müsst die Jacke ganz ausziehen, denn es handelt sich um einen Auftrag inkognito.«

»Ah!«, rief der Innen- und Außenminister und zog die Jacke aus. Dann musste er sich einen weißen Bart ankleben, eine Sonnenbrille aufsetzen und sich einen alten, geflickten Anzug anziehen. Nun war er inkognito.

Dann sagte ihm König Pantoffel genau, was er tun sollte.

Balduin Bückling bekam einen Handwagen mit allerlei Hausrat darauf. Damit fuhr er um die linke Seite des Berges herum, bis er ins rechte Königreich kam. Vor dem Schloss von König Kamuffel hielt er an und rief mit lauter Stimme seine Waren aus: »Ich kaufe und verkaufe alte und neue Sachen. Ich zahle gut und verlange wenig. Wollt ihr einen vorteilhaften Handel machen, dann kommt und nutzt die Gelegenheit!«

Die Untertanen des rechten Königreiches kamen herbei und

brachten ihre alten Sachen, und der Händler kaufte sie ihnen für gutes Geld ab oder tauschte sie gegen neue. Die Leute dachten im Stillen, dass der alte Kerl offenbar nicht ganz richtig im Kopf war. Aber jeder wollte die Gelegenheit nutzen und tat es auch.

Königin Kamelle guckte zum Fenster ihres Schlosses heraus, um zu sehen, was da los war. Natürlich wollte sie auch die günstige Gelegenheit nutzen, kam rasch herunter und tauschte ein paar alte Kochtöpfe gegen neue um.

Da sagte der Händler zu ihr: »Ich mache Euch einen Vorschlag, Frau Königin. Ihr habt da doch so eine komische Suppenschüssel, auf der ein Schöpflöffel abgebildet ist, auf dem wieder eine Suppenschüssel zu sehen ist. Damit könnt Ihr doch überhaupt nichts anfangen. Verkauft sie mir, ich zahle Euch ein hübsches Sümmchen dafür, oder ich tausche Euch dafür ein, was Ihr wollt.«

»Nein, guter Mann«, antwortete Königin Kamelle, »die Schüssel ist mir nicht feil. Aber ich mache dir einen anderen Vorschlag. Bring mir aus dem linken Königreich den Schöpflöffel, auf dem eine Suppenschüssel abgebildet ist, auf der man den Schöpflöffel sieht, dann zahle ich dir ein hübsches Sümmchen dafür oder tausche dir ein, was du willst.«

»Aussichtslos!«, rief der Händler. »Ich habe dort schon gefragt, aber die wollen den Löffel um keinen Preis hergeben. Darum ist die Schüssel für Euch ja eben ganz und gar wertlos, und sie wird es bis in alle Zukunft bleiben. Wenn Ihr sie mir aber verkauft, dann bekommt Ihr wenigstens viel Geld dafür. Scheint Euch mein Angebot nicht ausnehmend vernünftig?«

»Vernünftig«, erwiderte die Königin, »ist nur, was ich vorschlage. Da wir nämlich die Schüssel um keinen Preis hergeben werden, ist der

Löffel für die anderen ganz und gar wertlos. Es wird ihnen schon nichts anderes übrig bleiben, als früher oder später unser Angebot anzunehmen. Sag ihnen das!«

Da merkte der Innen- und Außenminister inkognito, dass er durchschaut worden war, und kehrte unverrichteter Dinge in das linke Königreich zurück, natürlich wieder um die linke Seite des Berges herum.

Alles in allem hatte er wirklich ein miserables Geschäft gemacht. König Pantoffel und Königin Pantine waren sehr unzufrieden mit ihm, aber noch mehr ärgerten sie sich über König Kamuffel und Königin Kamelle und sagten, das seien Leute, mit denen man eben einfach nicht vernünftig reden könne.

Inzwischen begannen König Kamuffel und Königin Kamelle nachzudenken. Auch sie beriefen eine Kabinettssitzung ein, die so geheim war, dass nur sie beide daran teilnehmen durften.

»Eigentlich«, meinte Kamelle, »hat dieser verkleidete Händler doch nicht so ganz unrecht gehabt. Wenn wir den Löffel mit der Schüssel drauf tatsächlich nie und nimmer bekommen können, dann ist die Schüssel mit dem Löffel drauf für uns ganz wertlos.«

»Da hast du nur allzu recht, meine Liebe«, antwortete Kamuffel.

»Wie wäre es dann«, fuhr Kamelle fort, »wenn wir die wertlose Schüssel gegen den wertvollen Löffel eintauschten? Wäre das nicht ein vorteilhafter Handel?«

»Das ist ein guter Plan!«, rief König Kamuffel erfreut. »Dagegen lässt sich wirklich nichts sagen. Du bist einfach genial, meine Liebe!«

Auch im rechten Königreich gab es einen Innenminister, der zugleich Außenminister war. Er hieß Kunibert Kratzfuß und wurde ebenfalls mit »Exzellenz« angeredet. Die Sache mit der Jacke war bei ihm umgekehrt: Als Innenminister war sie rot mit schwarzen Streifen, als Außenminister wendete er sie um, dann war sie schwarz mit roten Streifen.

Aber als er nun zu König Kamuffel gerufen wurde, zog er die Jacke gar nicht an, weil er nicht wusste, ob er als Innen- oder als Außenminister kommen sollte. Er trug sie einfach zusammengerollt über dem Arm.

»Nein, Exzellenz Kratzfuß«, sagte der König, »Ihr müsst die Jacke sogleich anziehen, denn es handelt sich um eine offizielle Staatsangelegenheit.«

»Oh!«, rief Kunibert Kratzfuß und zog eilig die Jacke an. Sie war rot mit schwarzen Streifen, er war nun also Innenminister.

»Worum handelt es sich, Majestät?«, fragte er und verbeugte sich.

»Nein, Exzellenz Kratzfuß«, sagte der König, »Ihr müsst sie andersherum anziehen, denn Ihr müsst in diplomatischem Auftrag ins Ausland.«

»Ah!«, rief der Innen- und Außenminister und zog die Jacke wieder aus. Er wendete sie von innen nach außen und schlüpfte wieder hinein. Nun war er Außenminister.

König Kamuffel erklärte ihm genau, was er tun sollte, und Königin Kamelle holte die Porzellanschüssel mit dem Löffel drauf, wickelte sie in eine Menge Zeitungspapier und tat sie in einen Rucksack.

Damit wurde Kunibert Kratzfuß nun in offizieller Staatsmission losgeschickt. Er reiste um die rechte Seite des Berges herum und kam in das Schloss von König Pantoffel und Königin Pantine.

Nachdem er ihnen den Tausch vorgeschlagen hatte, zog sich das linke Königspaar erst einmal in das geheime Kabinett zur Beratung zurück.

»Eines steht fest«, sagte König Pantoffel, »der Löffel mit der

Schüssel drauf ist für uns tatsächlich nutzlos, solange wir nicht die Schüssel mit dem Löffel drauf haben.«

»Da hast du absolut recht, lieber Mann«, antwortete Pantine. »Ich bewundere deinen Scharfsinn!«

»Wenn man logisch denkt«, fuhr Pantoffel fort, »muss man also einsehen, dass die Schüssel mit dem Löffel drauf für uns wertvoller ist als der Löffel mit der Schüssel drauf. Das ist ein zwingender Schluss.«

»Richtig«, meinte Pantine, »wenn wir also unseren wertlosen Löffel gegen die wertvolle Schüssel eintauschen, ist das für uns ein vorteilhafter Handel.«

»So betrachtet gibt es keinen besseren«, bestätigte Pantoffel.

»Du bist wirklich phänomenal, meine Teure.«

Das Königspaar kam wieder aus seinem geheimen Gemach hervor, und das Geschäft wurde abgeschlossen.

Sie bekamen vom Außenminister Kunibert Kratzfuß ganz offiziell die Schüssel mit dem Löffel drauf überreicht, und der Außenminister Kunibert Kratzfuß bekam ganz offiziell von ihnen den Löffel mit der Schüssel drauf.

Hochbeglückt reiste der Innen- und Außenminister zurück, natürlich um die rechte Seite des Berges herum.

Nun waren zwar beide Königspaare davon überzeugt, dass sie etwas viel Wertvolleres besaßen als vorher, aber anfangen konnten sie mit ihrem Schatz so wenig wie eh und je. Deshalb fühlten sie sich jeweils von den anderen wissentlich und absichtlich hereingelegt und wurden ernstlich böse aufeinander.

»Solche Leute«, wurde auf beiden Seiten gesagt, »sind ganz einfach unehrlich und ohne jede Moral. Man kann mit ihnen nicht mehr verkehren.«

Und sie schrieben sich wechselseitig unfreundliche Briefe, in denen stand, dass sie nichts mehr miteinander zu tun haben wollten.

So wurden die diplomatischen Beziehungen zwischen beiden Reichen abgebrochen.

Eines Nachts lagen Kamuffel und Kamelle in ihrem königlichen Ehebett. Vom vielen Nachdenken und der andauernden Erbitterung hatten sie beide Kopfweh.

»Kamelle«, sagte Kamuffel, »schläfst du?«

»Nein«, antwortete Kamelle, »ich kann nicht.«

»Ich auch nicht«, fuhr Kamuffel fort, »ich bin zu erbost. So etwas darf man sich einfach nicht gefallen lassen.«

»Recht hast du«, erwiderte Kamelle, »es ist eine Schande und eine Schmach für unser ganzes Reich.«

»Wenn diese Leute sich nicht einmal an die einfachsten Regeln des Anstands halten«, meinte Kamuffel, »dann sehe ich nicht ein, warum wir es tun sollen.«

»Da wären wir nur die Dummen«, pflichtete Kamelle bei, »dieser alberne Löffel, den sie uns angedreht haben, nützt uns überhaupt nichts. Wir sollten uns unsere Schüssel wieder zurückholen.«

Kamuffel dachte eine Weile nach. »Und wenn sie sie nicht freiwillig hergeben?«, wandte er ein.

»Dann«, meinte Kamelle, »holen wir sie uns einfach, ohne sie zu fragen.«

»Das ist ein guter Plan!«, rief Kamuffel. »Du bist wirklich genial, meine Liebe.«

Im rechten Königreich gab es einen Meisterdieb namens Leberecht Langfinger. Der wurde gleich am nächsten Morgen ins Königsschloss gerufen und zum Königlichen Geheimagenten mit besonderem Auftrag ernannt. Der besondere Auftrag bestand darin, dass er die Schüssel aus dem Schloss des linken Königreichs stehlen sollte. Nur durfte er sich dabei natürlich um nichts in der Welt erwischen lassen.

»Keine Sorge, Eure Majestäten«, versicherte Leberecht Langfinger, »die Schüssel ist schon so gut wie hier.«

Er klappte seinen Mantelkragen hoch, zog sich eine schwarze Maske über die Augen und seinen Hut in die Stirn und machte sich auf den Weg.

Der Zufall wollte es, dass genau zur gleichen Zeit König Pantoffel und Königin Pantine auf dieselbe Idee gekommen waren.

Nur dass der Meisterdieb im linken Königreich Klaus Klau hieß. Als königlicher Geheimagent mit besonderem Auftrag sollte er das rechtmäßige Eigentum, nämlich den Schöpflöffel, in seine angestammte Heimat zurückbringen. Selbstverständlich ohne dass irgendjemand im rechten Königreich etwas davon merkte.

Nachdem die beiden Geheimagenten sich auf den Weg gemacht hatten, atmeten die Königspaare erleichtert auf. Zum ersten Mal seit langer Zeit konnten sie wieder richtig gut schlafen. Und gerade weil sie so gut schliefen, war es für Leberecht Langfinger und Klaus Klau überhaupt kein Problem, die Schüssel, beziehungsweise den Löffel, zu stehlen und nach Hause zu bringen.

Zunächst einmal war in beiden Königsschlössern die Freude groß über den gelungenen Diebstahl, und die beiden königlichen Geheimagenten wurden mit Ehren überhäuft und bekamen eine Menge Orden für ihre Verdienste um das jeweilige Reich. Aber der Jubel währte nicht lang, weil man nur zu bald bemerkte, dass trotz allem alles beim Alten geblieben war.

Die Situation spitzte sich zu. Jetzt kannte die Empörung auf beiden Seiten keine Grenzen mehr.

»Das sind Banditen!«, schrien Pantoffel und Pantine. »Da sieht man es, sie schrecken nicht einmal vor Diebstahl zurück.«

»Das sind Verbrecher!«, schrien Kamuffel und Kamelle. »Jetzt zeigt es sich, sie scheuen sich nicht einmal davor zu rauben.«

»Nieder mit dem rechten Königreich!«, schrie man links vom Berg.

»Nieder mit dem linken Königreich!«, schrie man rechts vom Berg.

Und unverzüglich stellten beide Könige ihre Armeen auf. Kamuffels Heer bestand aus vier Soldaten, fünf Hauptmännern und drei Generälen.

Pantoffels Kriegsmacht dagegen bestand aus drei Soldaten, vier Hauptmännern, vier Generälen und einem Admiral o. F. (ohne Flotte).

Die Nacht war finster und stürmisch, als die beiden Könige mit ihren Armeen auszogen, um das feindliche Reich zu unterwerfen.

Die beiden Königinnen blieben zu Hause und winkten den davonmarschierenden Kriegern mit ihren Taschentüchern nach.

Da Kamuffels Heer um die rechte Seite des Berges zog und Pantoffels Heer um die linke, begegneten sie sich nicht unterwegs. Auch im jeweiligen Feindesland fanden sie keinerlei Widerstand. Die beiden Königinnen empfingen die Eindringlinge nicht gerade mit freundlichen Worten, aber sie wurden einfach gefangen genommen und mussten wohl oder übel den Mund halten. Danach zündeten beide Heere zur Strafe für das begangene Verbrechen das Schloss des anderen Königs an und guckten zufrieden zu, wie es abbrannte. Als nur noch rauchende Trümmer übrig waren, zogen sie im Triumphmarsch um die linke und rechte Seite des Berges herum wieder nach Hause, ohne sich zu begegnen.

Und was war nun aus der porzellanenen Schüssel und dem porzellanenen Schöpflöffel geworden?

Die hatten Prinz Saffian und Prinzessin Praline zum Glück rechtzeitig weggeholt, als sie merkten, was ihre Eltern vorhatten. Man hatte ihnen ausdrücklich verboten, an dem jeweiligen Feldzug teilzunehmen. Krieg, so war ihnen gesagt worden, ist nichts für Kinder, das dürfen nur die Erwachsenen. Übrigens hätten sie beide auch gar keine Lust dazu gehabt. Gerade für diese Nacht hatten sie sich nämlich wieder einmal oben auf dem Berggipfel verabredet. Und beide hatten die Sachen mitgebracht, um derentwillen dort unten so viel Unheil angerichtet wurde, Praline die Schüssel und Saffian den Löffel.

Ganz vorsichtig und behutsam taten sie den Löffel in die Schüssel und rührten um, und siehe da – sogleich war die Schüssel voll der wohlschmeckendsten und nahrhaftesten Suppe. Und beide aßen, bis sie satt und zufrieden waren. So einfach war das!

Inzwischen waren König Kamuffel mit seinem Heer und der gefangenen Königin Pantine und König Pantoffel mit seinem Heer und der gefangenen Königin Kamelle nach Hause zurückgekehrt. Und da sahen sie nun die Bescherung. Natürlich war die Bestürzung riesengroß und des Wehklagens kein Ende. Beide Könige saßen auf den Trümmerhaufen ihrer abgebrannten Schlösser und weinten bitterlich, und die Armeen standen um sie herum und machten betretene Gesichter.

Ursprünglich hatte jeder von den beiden vorgehabt, die von ihm gefangen genommene Königin nur zurückzugeben gegen die Auslieferung des Löffels, beziehungsweise der Schüssel – was ja in Wirklichkeit auch wieder nichts genützt hätte –, aber nun war sowieso alles ganz anders. Weder Löffel noch Schüssel waren mehr da, es war überhaupt nichts mehr da. Sogar die Vorratskammern im jeweiligen Schloss waren mit abgebrannt, und zu essen gab es nun auch nichts mehr.

Weil man ja unter diesen Umständen mit den Königinnen als Gefangenen nichts mehr anfangen konnte, wurden sie einfach nach Hause geschickt, mitten in der Nacht. Das war zwar nicht gerade besonders höflich, aber im Krieg ist ja bekanntlich alles erlaubt. So kam Pantine wieder zu ihrem Pantoffel zurück und Kamelle wieder zu ihrem Kamuffel. Aber das war für alle Beteiligten doch nur ein schwacher Trost.

Die Könige hatten – erst vor lauter Kampfeseifer und dann vor lauter staatsmännischem Gram – bisher überhaupt noch nicht bemerkt, dass ihre Kinder nicht mehr da waren. Das fiel als Erstes den Königinnen auf.

»Wo ist Prinz Saffian?«, rief Pantine und rang die Hände.

»Wo ist Prinzessin Praline?«, rief Kamelle und raufte sich die Haare.

Sofort wurden Kuriere ins jeweilige Feindesland hinübergeschickt, und so erfuhr man, dass die Kinder auch dort nicht waren. Nun war das Unglück erst vollständig!

»Und das alles«, sagte König Kamuffel mit tränenerstickter Stimme, »wegen dieses blöden Löffels!«

»Und das alles«, schluchzte König Pantoffel, »wegen dieser dummen Schüssel!«

»Wenn wir geahnt hätten, wohin das führt«, setzte Königin Kamelle weinend hinzu, »dann hätten wir denen doch lieber unsere Schüssel geschenkt.«

»Wenn wir gewusst hätten, was daraus wird«, jammerte Königin Pantine, »dann hätten wir denen den Löffel lieber gegeben.«

So großzügige Worte wurden plötzlich auf beiden Seiten des Berges gesprochen – allerdings nur, solange die anderen nicht zuhören konnten.

Trotz alledem, auch gemeinsames Unglück verbindet, selbst dann, wenn man es sich gegenseitig zugefügt hat. Und außerdem kam auch noch dazu, dass sie Hunger bekamen, aber zu essen gab es weit und breit nichts. Und Hunger hat schon manchen zur Einsicht gebracht.

Abermals wurden Boten hin- und hergeschickt, und bald war man sich auf beiden Seiten einig, dass man sich zusammensetzen wollte, um zu beraten, was zu tun wäre. Man wollte sich auf halbem Weg, sozusagen an den Landesgrenzen, treffen, nur konnte man sich nicht einig werden, an welcher, denn König Pantoffel wollte um die linke Seite des Berges herumziehen und König Kamuffel um die rechte. Das hätte bedeutet, dass man ewig hintereinander hergelaufen wäre. Aber keiner der beiden Könige wollte nachgeben.

Schließlich fand man eine Zwischenlösung, die es beiden Königen erlaubte, ihre Würde zu bewahren, obgleich die Lösung für

beide ziemlich unbequem war: Man wollte die Konferenz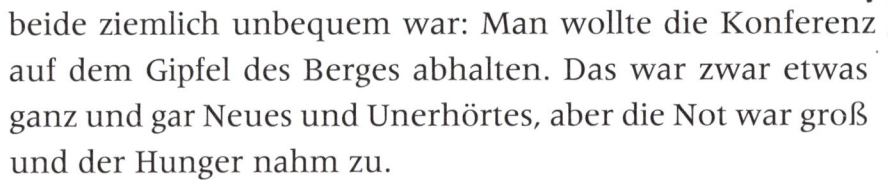
auf dem Gipfel des Berges abhalten. Das war zwar etwas
ganz und gar Neues und Unerhörtes, aber die Not war groß
und der Hunger nahm zu.

Also schleppten sich die beiden Königspaare samt ihren Ministern, Armeen, Geheimagenten und Untertanen von beiden Seiten auf den Berg hinauf. Als sie
oben ankamen, waren sie total erschöpft und außer
Puste und setzten sich erst einmal auf den Boden.

Da kamen Prinz Saffian und Prinzessin Praline aus
ihrem Versteck und trugen gemeinsam die Porzellanschüssel mit dem Schöpflöffel darin, und die gute,
nahrhafte Suppe dampfte und duftete ganz unbe-
schreiblich appetitanregend.

»Schön, dass Ihr da seid, Eure Majestäten«,
sagte Prinz Saffian, »dürfen wir Euch was zu
essen anbieten?«

»Langt nur zu, Eure Majestäten«, sagte
Prinzessin Praline, »es ist genug für alle
da.«

Jedermann machte natürlich große Augen und war glücklich, dass nicht nur die Königskinder, sondern auch Löffel und Schüssel gerettet waren. Alle aßen von der Suppe und mussten zugeben, dass ihnen noch nie etwas so gut geschmeckt hatte.

»Das hätten wir längst haben können«, sagte Königin Kamelle vorwurfsvoll zum anderen Königspaar, »wenn ihr uns nur gleich zu Anfang den Löffel gegeben hättet.«

»Na, hört euch das an!«, rief Königin Pantine. »Ihr hättet uns ja nur die Schüssel zu geben brauchen, dann wäre uns viel erspart geblieben.«

»Jedenfalls«, meinte König Kamuffel, »werden wir jetzt sofort und ein für alle Mal klarstellen müssen, wer von uns über Löffel und Schüssel zu bestimmen hat, denn Ordnung muss sein.«

Da sagte König Pantoffel: »Nun fangt bitte nicht schon wieder an!«

Und das war vermutlich der weiseste Satz, den er je gesagt hatte. Alle schwiegen beeindruckt und aßen weiter von der Suppe, bis sie satt waren. Wenn Leute satt sind, kann man manchmal leichter mit ihnen reden. Deshalb warteten die beiden Königskinder auf diesen Augenblick, dann erklärten sie: »Wir beide wollen nämlich heiraten, sobald wir alt genug dafür sind, weil wir uns sehr gern haben. Und Löffel und Schüssel wünschen wir uns als Hochzeitsgeschenk.«

Um es nun kurz zu machen: Die beiden Königspaare willigten nach einigem Hin und Her schließlich ein. Und da die ehemaligen Schlösser ja sowieso abgebrannt waren, wurde ein neues gemeinsames Schloss mitten auf dem Berggipfel gebaut. Der Löffel und die Schüssel gehörten fortan dem jungen Paar gemeinsam, und die beiden stritten niemals darum, weil sie ja wussten, dass das eine nur durch das andere etwas wert war.

Die alten Könige und Königinnen übergaben die Regierung ihrer Reiche den Kindern. Allerdings bestanden Pantoffel und Pantine darauf, im linken Flügel des neuen Schlosses zu wohnen, und Kamuffel und Kamelle zogen in den rechten. Nun ja. Aber sie besuchten sich öfters, die Könige, um Mensch-ärgere-dich-nicht zu spielen, und die Königinnen, um Neuigkeiten zu besprechen. Und so waren schließlich alle zufrieden.

Zur Hochzeit von Prinz Saffian und Prinzessin Praline kamen Gäste aus aller Herren Länder, und unter der weitverzweigten Verwandtschaft befand sich auch Serpentine Irrwisch. Diesmal hatte man nicht vergessen, sie einzuladen. Alle aßen von der wundervollen Suppe und jedermann lobte ihren vorzüglichen Geschmack. Auch die böse Fee kostete davon, dann sagte sie: »Also, ganz ehrlich, ich hätte nie und nimmer gedacht, dass die Sache mit dem Löffel und der Schüssel tatsächlich funktioniert! Sonst hätte ich euch diese Sachen natürlich nicht geschenkt. Nun habe ich aus

Versehen etwas Gutes getan – wie schrecklich peinlich!« Und sie wurde ganz grün im Gesicht vor Ärger, brauste wütend auf ihrem Feuerstuhl davon und ward nie mehr gesehen.

Aber die Schüssel, auf der ein Löffel abgebildet war und so weiter, die blieb voll, so viel man auch mit dem Löffel, auf dem eine Schüssel abgebildet war und so weiter, aus ihr schöpfte. Sie wurde niemals leer, und so ist es bis auf den heutigen Tag geblieben. Und alle, die Hunger haben und nichts zu schlucken, die können zu jenem Schloss auf dem Berg hinaufsteigen und sich dort satt essen. Sie müssen es nur finden.

# Der kleine Seelöwe sucht einen Freund

von Christine Rettl

Klipp, der kleine Seelöwe, saß auf der Klippe und weinte.

»He, du! Warum sitzt du da und weinst?«, fragte die Lachmöwe und setzte sich neben ihn. »Die Sonne scheint. Das Meer ist ruhig. Warum schwimmst und tauchst du nicht und fängst dir einen Fisch?«

»Ich weine, weil ich keinen Freund habe«, antwortete der kleine Seelöwe. »Ohne Freund macht gar nichts wirklich Spaß.«

Die Lachmöwe stand auf einem Bein und dachte angestrengt nach.

»Die anderen kleinen Seelöwen haben doch auch Spaß«, wandte sie ein und sah dem kleinen Seelöwen ins linke Auge.

»Die anderen kleinen Seelöwen verstehen mich nicht. Ich brauche einen Freund, der mich versteht«, erklärte der kleine Seelöwe.

»Aha«, sagte die Lachmöwe. Sie flog zu den Wellen, fing eine Sardelle und brachte sie dem kleinen Seelöwen. »Ich hab was für dich! Rat mal, was es ist!«, scherzte sie.

»Ich habe keinen Hunger«, sagte Klipp betrübt.

Die Lachmöwe verschlang die Sardelle und fragte: »Schade, gerade heute ist das Meer voller Fische! Wie lange willst du denn noch hier sitzen und jammern?«

»Weiß ich nicht«, sagte der kleine Seelöwe.

»Hör endlich auf und tu etwas!«, redete ihm die Lachmöwe zu.

»Was denn?«, fragte der kleine Seelöwe und seufzte.

Die Lachmöwe überlegte, dann sagte sie: »Ich weiß auch nicht, wie du am besten einen Freund findest. Vielleicht solltest du dir einen suchen«, schlug sie vor.

Der kleine Seelöwe nickte. »Am besten, ich fange gleich damit an«, sagte er, sprang ins Meer und schwamm los.

Die Lachmöwe zog über ihm ihre Kreise und lachte.

Klipp schwamm gemächlich und hielt Ausschau.

Die Lachmöwe vertrieb ihm die Zeit mit Geschichten.

Da sahen sie vor einer kleinen Insel einen Elefanten im Wasser.

»Seit wann schwimmen Elefanten im Meer?«, wunderte sich der kleine Seelöwe. »Das finde ich lustig. Willst du mein Freund sein?«

»Seit wann stellen kleine Seelöwen dumme Fragen?«, gab der Elefant zur Antwort. »Ich arbeite beim Fernsehen und mache Werbung für Limonade. Und jetzt stör mich nicht länger. Ich habe zu tun!«

Der kleine Seelöwe war enttäuscht.

»Ein Freund kommt oft ganz unverhofft«, rief die Lachmöwe und lachte.

»Ob ich dort unten einen finde?«, fragte sich der kleine Seelöwe und tauchte zum Meeresgrund. Er entdeckte ein großes Wrack, in dem ein Seeungeheuer wohnte. Der kleine Seelöwe erschrak fürchterlich über den hässlichen Kopf mit dem furchterregenden Gebiss.

»Keine Angst, Kleiner! Ich bin nicht echt«, beruhigte es ihn. »Aber sag es nicht weiter! Die Menschen glauben so gerne an mich!«

Enttäuscht tauchte der kleine Seelöwe auf. Ein Seeungeheuer, ob echt oder unecht, wollte er nicht gerade zum Freund haben.

»Wieder nichts«, sagte er.

»Abwarten!«, rief die Lachmöwe.

Am Horizont tauchte ein Boot auf, in dem ein schiffbrüchiger Hund saß.

»Unser Schiff ist untergegangen mit Mann und Maus. Ich bin der einzige Überlebende«, schilderte er. »Wisst ihr, wo hier die nächste Insel ist?«

»Wir bringen dich hin«, sagte der kleine Seelöwe eifrig. Er kletterte ins Boot und half dem Hund paddeln. Die Lachmöwe saß am

Bootsrand und gab die Richtung an. Klipp dachte, der Hund würde sein Freund werden – schon aus Dankbarkeit. Doch kaum legten sie an der Insel an, sprang der Hund an Land, lief schnurstracks zur nächsten Palme, hob sein Bein und verschwand.

»Diesmal war ich mir sicher ...«, sagte der kleine Seelöwe. Er konnte nicht weitersprechen, so enttäuscht war er.

»Vergiss ihn«, sagte die Lachmöwe. »Komm, wir wollen ein Stück nebeneinander herschwimmen. Ist das nicht ein wundervoller Tag heute?«, schwärmte sie. »Solche Tage muss man genießen, finde ich. Man weiß nie, wann der nächste Sturm kommt!«

»Nein, nie«, sagte der kleine Seelöwe. »Weißt du, was ich finde? Ich finde dich richtig nett!«

Die Lachmöwe putzte verlegen ihre Schwungfedern. »Höchste Zeit heimzukehren!«

Sie stieß sich vom Wasser ab und flog voran. Der kleine Seelöwe paddelte ihr nach.

Vor seiner Klippe schwammen die anderen Seelöwenkinder.

»Wo warst du so lange?«, fragten sie. »Wir haben uns Sorgen um dich gemacht!«

Das freute Klipp. »Och, sehr weit fort! Ich war beim Seeungeheuer und bei einer kleinen fernen Insel!«, erzählte er.

»War das nicht sehr gefährlich?«, fragten die Seelöwenkinder.

»Schon, aber auch sehr schön, wenn man einen echten Freund hat – wie ich«, sagte er stolz.

Über ihm kreiste die Lachmöwe und lachte und lachte.

# Flaschenpost aus Australien

von Maja von Vogel

Florian wohnt am Meer. Aber obwohl er fast jeden Tag am Strand ist, hat er noch nie eine Flaschenpost gefunden.

»Ich möchte sooo gerne mal eine Flaschenpost finden«, sagt Florian ganz oft zu Mama. Dann läuft er zum Strand und sucht und sucht. Aber er findet nur Muscheln und tote Krebse.

»Mir reicht's!«, sagt Florian eines Tages. »Dann schreib ich eben selbst eine Flaschenpost.«

Eine Flaschenpost zu verschicken ist zwar nicht so toll, wie eine zu bekommen, aber es ist auf jeden Fall besser, als immer nur tote Krebse zu finden.

»Und wenn jemand meine Flaschenpost gefunden hat, schickt er mir bestimmt auch eine zurück«, sagt Florian. »Vielleicht sogar aus Australien.«

Zuerst holt er eine leere Flasche aus der Küche, spült sie aus und trocknet sie ab. Dann malt er ein großes Bild. Erst malt er sich selbst. Der Florian auf dem

Bild grinst von einem Ohr zum anderen und hält eine Flaschen-post in der Hand. Danach malt er sein Haus und den Strand. Damit der Flaschenpost-Finder auch weiß, wie es bei ihm aussieht.

Was fehlt jetzt noch?, überlegt Florian. Genau, die Adresse! Sonst weiß der Finder in Austra-lien gar nicht, wo er seine Flaschenpost hin-schicken soll. Die Adresse schreibt Mama auf das Bild. Florian rollt das Blatt zusammen und steckt es in die Flasche. Mama hilft ihm dabei, den Korken in den Flaschenhals zu drücken.

»Prima!«, ruft Florian. »Jetzt geht die Reise los!«

Aber so einfach ist das nicht. Als Florian mit Mama am Meer steht, ist er ganz schön aufgeregt. Schließlich verschickt man nicht jeden Tag eine Flaschenpost. Beim ersten Mal wirft er nicht weit genug, und die Flasche wird sofort wieder zurück an den Strand gespült.

»Probier's noch mal«, sagt Mama.

Jetzt wirft Florian, so weit er kann. Platsch! Die Flasche landet im Wasser, und diesmal kommt sie nicht zurück.

»Gute Reise!«, ruft Florian. Er winkt so lange, bis er die Flasche nicht mehr sehen kann.

Am Montag sagt Florian: »Jetzt schwimmt meine Flasche be-stimmt gerade an England vorbei.«

Am Dienstag sagt er: »Jetzt schwimmt sie um Afrika herum.«

Und am Mittwoch: »Ob meine Flaschenpost wohl schon in Australien ist?«

Am Donnerstag sagt Mama: »Du hast einen Brief bekommen, Florian.«

»Gib her!«, ruft Florian und reißt ihr den Brief aus der Hand.

In dem Umschlag steckt ein Bild. Auf dem Bild ist ein Mädchen mit langen Zöpfen und Sommersprossen zu sehen. Es hält eine Flasche in der Hand und lacht. Das Mädchen steht am Strand, dahinter liegt das Meer.

»Komisch«, sagt Florian. »In Australien sieht es ja genauso aus wie hier!«

Mama dreht das Bild um. Auf der Rückseite steht etwas.

»Das ist nicht in Australien«, sagt Mama, »sondern hier bei uns. Das Mädchen heißt Anke. Sie wohnt am Hafen. Ihr Vater ist Fischer. Deine Flaschenpost ist ihm ins Netz gegangen.«

Florian schluckt. Seine Flasche ist in einem Fischernetz gelandet! Nicht in England, nicht in Afrika und schon gar nicht in Australien.

Dann schaut er sich das Bild noch einmal an. Diese Anke sieht eigentlich ganz nett aus. Zumindest für ein Mädchen. Ob sie wirklich so viele Sommersprossen hat? Zum Glück ist es gar nicht weit bis zum Hafen. Vielleicht ist es ja doch ganz gut, dass meine Flaschenpost nicht bis nach Australien geschwommen ist, denkt Florian und faltet das Bild vorsichtig zusammen.

# Maxi gewinnt einen Freund

von Brigitte Kolloch und Elisabeth Zöller

Diplodocus war ein Riesendinosaurier, und zwar ein ganz trauriger. Alle hatten Angst vor ihm – er war so furchtbar groß. Außerdem hatte er über seinen ganzen langen Hals bis hin zur Schwanzspitze kleine spitze Stacheln. Alle rannten schreiend vor ihm weg. Dabei wollte er doch nur spielen und endlich einen Freund finden.

Er stellte sich vor den Spiegel und betrachtete seinen Riesenkopf, die leuchtenden braunen Augen, die Stacheln am langen Hals. Das sah schön aus! Aber er war viel, viel größer als alle anderen. Mühsam versuchte er, sich klein zu machen. Doch spätestens, wenn er »Uah, Uah« rief, streckte er den Hals wieder aus, weil dann das »Uah, Uah« viel schöner klang.

Und schon war er wieder groß.

Eines Tages ging der Riesendino zu seinem Dinoopa. Der war uralt und würde ihm sicher einen guten Rat geben können. Er erzählte ihm alles, und der alte Dino überlegte lange. Dann streckte er sich und sagte: »Es ist deine Größe, vor der viele erschrecken.« Er wiegte den Kopf hin und her und sprach weiter: »Deswegen ist es am besten,

JUAA!

du versteckst dich zuerst. Und dann musst du den anderen genau erklären, wie groß du bist und dass sie keine Angst haben müssen. Und dass du eigentlich ein sehr, sehr lieber Dinosaurier bist.«

Das machte dem Riesendino Mut. Er zog los und versteckte sich am Rand der Straße hinter einem großen Gebüsch. Da hörte er einen Jungen kommen. Mal sehen, ob Opas Rat funktionierte.

»Hallo«, rief er freundlich und mit seiner zartesten Stimme hinter dem Busch hervor.

Der Junge blieb stehen und fragte: »Wer ist denn da?«

»Ich habe mich hinter dem Gebüsch versteckt. Eigentlich suche ich einen Freund. Aber weil ich so groß bin und ein Dinosaurier, rennen alle vor mir weg.«

»Wirklich? Wie heißt du denn? Und bist du wirklich ein echter Dino?«, rief der Junge, der jetzt neugierig geworden war.

Der Dinosaurier freute sich und sagte: »Ich heiße Maximilian, der Große. Weil ich so groß bin.«

»Wirklich?«, rief der Junge. »Ich heiße auch Maximilian. Aber mich lachen alle aus, weil ich Maxi heiße und eigentlich miniklein bin. Ich bin also Maximilian, der Kleine.«

»Dann können wir uns ja zusammentun«, sagte der Dinosaurier, »alle Maximilians sollten zusammenhalten.«

»Ja«, antwortete der Junge, »Maximax und Minimax.«

Er hatte es noch nicht ganz zu Ende gesagt, da riefen zwei Jungen: »Komm, den Mini schnappen wir uns.«

Da ertönte ein lautes »Uah, uah«, und eine Stimme hinter dem Busch rief: »Ihr rührt meinen Freund Maxi nicht an.«

Die beiden Jungs lachten nur und wollten sich jetzt erst recht auf Maxi stürzen. Doch da kam der Riesendinosaurier aus dem Gebüsch hervor. Wie sie da erschraken! Sogar Maxi guckte erschrocken, aber nur ganz kurz.

Der große Dinosaurier stellte sich vor seinen Freund, lächelte die beiden Jungs an und meinte: »Jetzt kommt doch. Ihr wolltet es uns doch gerade zeigen. Habt ihr keinen Mut mehr?«

Doch die beiden Angeber waren schon weg. Sie waren, so schnell sie nur konnten, durch eine kleine Lücke im Gebüsch entwischt. Die würden Minimax nie wieder ärgern.

Und Maximilian, der Große, und Maximilian, der Kleine, lachten und freuten sich über ihre erste gemeinsame Tat!

»Gut, dass du so groß bist.« Der Junge klopfte dem Dinosaurier auf die dicke Haut.

Der Dinosaurier war zum ersten Mal stolz auf seine Größe.

# Uns kriegst du nicht

von Daniela Kulot

Der Hase Hobbel und der Kater Knobbel sind die besten Freunde, die man sich vorstellen kann. Wenn sich Hobbel abends manchmal fürchtet, liest ihm Knobbel eine schöne Geschichte vor und alles ist wieder gut. Und wenn es Knobbel mal langweilig ist, dann spielt ihm Hobbel Theater vor und beide lachen sich kaputt. Oder wenn sich Hobbel beim Rübenernten schwertut, hilft ihm Knobbel und kurz darauf gibt es ein wunderbares Festmahl am See. Eines Morgens sitzen Hobbel und Knobbel wieder am See.

»Wie ist das Leben schön!«, schnurrt Knobbel.

»Und zu zweit ist es noch viel schöner«, seufzt Hobbel.

Da raschelt es hinter ihnen im Gebüsch.

»Was war das?«, fragt Hobbel.

»Komm, wir sehen mal nach«, sagt Knobbel.

Sie schieben die Äste beiseite ...

... und da steht Hasso, der Hund aus dem Nachbardorf.

»Nichts wie weg!«, schreit Hobbel.

»Rette sich, wer kann!«, schreit Knobbel.

»Hinterher!«, knurrt Hasso.

Hasso ist schnell. Er kommt immer näher.

Da denkt Knobbel: »Wenn ich Hobbel jetzt loslasse, könnte ich mit scharfen Katzenkrallen auf einen Baum springen. So könnte ich Hasso entwischen. Besser einer kommt davon als keiner.«

»Hilfe, er fasst uns!«

Und Hobbel denkt: »Wenn ich Knobbel gleich loslasse, könnte ich mit meinen flinken Hasenbeinen viel schneller laufen. Alleine könnte ich Hasso entwischen. Besser einer kommt davon als keiner.«

Schon sind Bäume in Sicht. Und tatsächlich – sie lassen ihre Hände los. Hobbel läuft links am Baum vorbei und Knobbel rechts.

Doch als Knobbel die Hand von Hobbel nicht mehr fühlt, denkt

er: »Wie konnte ich Hobbel nur loslassen! Wenn er nicht mehr da ist, wem soll ich dann abends auf dem Sofa vorlesen? Dann bin ich ganz allein und das Leben ist nicht mehr schön.«

Und Hobbel denkt: »Wie konnte ich Knobbel nur loslassen? Wenn Knobbel nicht mehr da ist, wem soll ich dann Schattentheater vorspielen? Dann bin ich ganz allein und das Leben ist nicht mehr schön.«

Da sehen sich Hobbel und Knobbel in die Augen.

»Wenn wir es schaffen, dann schaffen wir es zu zweit!« Und das geht nicht nur ins Herz, das gibt auch Kraft. Hand in Hand laufen sie, so schnell sie können.

Hasso bleibt weiter hinter ihnen.

Endlich sehen sie die rote Haustür offen vor sich. Doch Hobbel und Knobbel bleiben vor der Tür stehen.

»Jetzt habe ich sie alle beide!«, knurrt Hasso und springt auf sie zu.

RRRRRRRRRRk...

Da weicht Hobbel nach links aus und Knobbel nach rechts. Hasso springt mitten durch die Tür, ins Haus hinein. Schnell schließen Hobbel und Knobbel die Tür und drehen den Schlüssel um.

»Uns kriegst du nicht!«, jubeln sie. »Uns kriegst du nicht!« Und vor Freude tanzen sie ums Haus herum.

»Zu zweit haben wir es geschafft – Hand in Hand!«

»Und weißt du, was das Beste ist?«, flüstert Knobbel Hobbel ins Ohr.

»Nein, was denn?«, fragt Hobbel.

»Dass uns so etwas nicht noch einmal passieren kann, denn ...

... seit heute haben wir einen Wachhund im Haus.«

HASSO WAR HIER!

# Drachenwind

von Antonia Michaelis

Prinzessin Anna-Maria besaß einen kleinen, grünen Drachen. Sie hatte ihn im Sommer bekommen, da war er so groß gewesen wie ein Käfer. Aber wie alle kleinen Drachen wuchs er, und als die Herbststürme kamen, war er fast so groß wie die dickste königliche Katze. Und er begann, unruhig zu werden. Je herbster es wurde, desto unruhiger wurde er. Er trabte den ganzen Tag auf den Kieswegen im Garten auf und ab – und an einem Dienstag im Oktober rief er: »Anna-Maria, Anna-Maria! Würdest du mich steigen lassen?«

»Steigen lassen?«, fragte Anna-Maria.

»Ja«, sagte der Drache. »Alle Drachen, die groß genug sind, müssen im Herbst in die Luft steigen. Ich spüre es. Du musst nur eine Schnur an mein Bein binden und gegen den Wind anrennen, und wenn du mich dann in die Luft wirfst ...«

»Na gut«, sagte Anna-Maria. Sie ließ sich von der Königin eine Schnur geben, ganz aus Gold- und Silberfäden und gerade richtig für einen königlichen Drachen. Dann ging sie mit dem Drachen in den Garten. Der Wind trieb gelbe Ahornblätter und rotes Buchenlaub vor sich her. Anna-Maria nahm den nicht mehr kleinen grünen Drachen, rannte gegen den Wind an ... und warf ihn in die Luft. Er breitete die Flügel aus – und dann stieg er und stieg und stieg, bis Prinzessin Anna-Maria ihn nur noch als Punkt im Oktoberhimmel sehen konnte.

Sie spürte, wie der Drache an der goldenen und silbernen Schnur zerrte. Da dachte sie, dass er wohl groß genug war, um davonzufliegen. Und sie ließ das Ende der Schnur los. Es flatterte dem Drachen nach ins Himmelsblau. Prinzessin Anna-Maria ging zurück ins Schloss. Ihr Herz war schwer wie ein Germknödel mit Soße.

Den ganzen Winter über dachte sie an den grünen Drachen. Er

war ihr bester Freund gewesen, und sie hätte gern wenigstens mit ihm telefoniert. Aber der Drache hatte kein Telefon. Vielleicht war er bis nach Afrostralien geflogen oder nach Singapumerika oder sogar nach Burmexiko?

Ob er dort glücklich war, ganz ohne sie?

Als die ersten Schneeglöckchen im Schlossgarten aus dem Eis hervorlugten, kam Anna-Maria eines Tages von der Schule und hörte von Weitem die Sirenen.

Sie rannte los. Brannte es im Schloss?

Als Anna-Maria im Garten ankam, stand ein knallrotes Feuerwehrauto unter der großen Eiche. Die elf anderen Prinzessinnen, der König, die Königin und die drei dicken königlichen Katzen hatten sich dort versammelt und sahen in die Äste. Die Feuerwehrmänner legten eben eine lange Leiter an den Eichenstamm.

»Was ist denn passiert?«, rief Anna-Maria aufgeregt.

»Da oben sitzt ein grüner Drache im Baum«, sagte eine Feuerwehrfrau. »Er traut sich wohl nicht mehr herunter, und wir haben ja Übung im Katzenretten.«

»Oh!«, rief Prinzessin Anna-Maria. »Das ist ja mein grüner Drache!«

Und dann kletterte sie schnell auf die Feuerwehrleiter. Oben saß der Drache. Er war gar nicht mehr weitergewachsen.

»Wieso traust du dich nicht mehr von der Eiche herunter?«, fragte Anna-Maria.

»Das ist es nicht«, sagte der Drache kleinlaut. »Ich traue mich nicht ins Schloss. Deswegen sitze ich hier. Bist du böse, weil ich so einfach davongeflogen bin?«

Da kletterte Anna-Maria von der Leiter auf den Baum und nahm den grünen Drachen in die Arme. »Ich bin kein bisschen böse!«, sagte sie.

102

»Nicht?«, fragte der Drache. »Ich habe übrigens herausgefunden, dass ich ein Zugdrache bin. Im Winter fliege ich fort und im Frühjahr komme ich wieder. Wie ein Zugvogel.«

»Das ist schön«, sagte Anna-Maria glücklich.

Und dann musste die Feuerwehr sie von der Eiche holen, weil sie sich nicht mehr hinuntertraute und keine Flügel hatte. So war die Feuerwehr wenigstens nicht umsonst gekommen.

Abends im Bett aber erzählte der Drache von seinen Abenteuern in Afrostralien und Singapumerika und Burmexiko, wo er überall gewesen war.

»Vielleicht komme ich nächstes Mal mit«, flüsterte Prinzessin Anna-Maria. »Falls ich dafür schulfrei kriege.«

# Pauls Geheimnis

von Franziska Gehm

Trixi ist sauer. Stinksauer.

Heute wollte sie mit Paul einen Staudamm bauen. Aber Paul hat keine Zeit.

Als Trixi fragt, was er vorhat, meint er nur: »Das geht dich nichts an. Männersache.«

Männersache! Pah!

Bestimmt nur oller Fußball, denkt Trixi und schnauft. Paul ist richtig doof. Und Trixis bester Freund ist er jetzt auch nicht mehr. Das kann er voll vergessen!

Auf dem Heimweg von der Schule muss Trixi an Pauls Haus vorbei.

Obwohl sie nicht hinschauen will, schielen ihre Augen hinüber.

Plötzlich sieht sie Paul und seinen Vater.

Sie schleppen Werkzeuge zum Bach neben dem Haus.

Trixi versteckt sich hinter einem Baum.

Was haben die bloß vor? Wollen die etwa ohne Trixi einen Staudamm bauen? Das ist sooo gemein!

Megadoofe Männersache!, denkt Trixi und blinzelt.

Jetzt bloß nicht heulen. Schon gar nicht wegen so einem po-
pelblöden Paul.

Vor Wut zerbricht Trixi einen Ast. Knacks!

Paul wirbelt herum und ruft: »Trixi? Was machst du denn hier?«

»Ähm ... das geht dich nichts an. Mädchensache«, sagt Trixi
sauer.

»Und was machst DU hier?«, fragt sie.

»Ich ... na ja ... wir«, beginnt Paul.

»Wir bauen ein Floß«, sagt Pauls Vater.

»Stimmt. Und das sollte eine Überraschung
werden«, sagt Paul.

»Eine Überraschung?«, staunt Trixi.

Paul nickt und wird rot. »Ja, für dich.«

In Trixis Zehen kribbelt es. Eine Überraschung! Von Paul nur für sie!

»Tja, die Überraschung ist nun wohl ins Wasser gefallen!«, sagt Pauls Vater.

»Ja, aber dafür kann ich euch jetzt helfen«, sagt Trixi.

»Oh ja! Und dann gehen wir auf große Abenteuerfahrt!«, ruft Paul und strahlt Trixi an.

Trixi nickt.

Paul ist eben doch der beste Freund der Welt.

# Büffelmann und Adlerkönig

von Sigrid Heuck

Weit hinten in der Prärie, am Fuß der grünen Hügel, lebte einst ein Indianer. Er hieß Adlerkönig und er war sehr stolz auf diesen Namen. Sechs Tage in der Woche ging er auf die Jagd. Wenn aber die Sonne zum siebenten Mal hinter den Bergen auftauchte, legte er seinen schönsten Adlerfederschmuck an, steckte seine Friedenspfeife ein und wanderte hügelwärts.

Dort, in den Hügeln, wohnte ein weißer Jäger. Vor langer Zeit hatte er einmal einen Büffel erlegt. Seitdem nannte er sich Büffelmann. Sechs Tage in der Woche ging er auf die Jagd. Am siebenten Tag fegte er seine Hütte sauber, schürte das Feuer und wartete auf Adlerkönig, der sein Freund war. Wenn der Indianer eingetroffen war, begrüßten sie sich herzlich, wie es unter Freunden üblich ist. Dann hockten sie sich vor das Feuer und aßen gemeinsam, was Büffelmann zubereitet hatte. Manchmal sangen sie auch oder rauchten die Friedenspfeife. Dabei erzählten sie sich viele unglaubliche Geschichten, die vom fliegenden Bären zum Beispiel oder jene vom Fuchs mit dem grünen Fell. Das ging schon viele Jahre so und keiner konnte sich erinnern, wann es begonnen hatte. Ihre Freundschaft wurde stark und groß wie der Baum hinter Büffelmanns Hütte. Eines Tages saßen sie wieder einmal vor dem Feuer. Und weil sie beide müde waren, schliefen sie ein.

»Ich träumte von einem Pferd«, erzählte Adlerkönig, nachdem sie wieder aufgewacht waren. »Es war so rot wie die untergehende Sonne und so schnell wie der Wind. Ich ritt mit ihm auf die Jagd. Das war sehr schön. Und was hast du geträumt, Bruder?«

»Auch ich sah ein feuerrotes Pferd im Traum«, antwortete Büffelmann. »Es war zäh und stark wie ein Berglöwe und es sprang mit mir über Bäche und Felsen.«

»Komm«, schlug Adlerkönig vor, »lass uns das rote Pferd suchen!«

Und so rüsteten sie sich und suchten es. Sie stiegen auf die Hügel und durchstreiften den Wald. Sie schauten hinter jeden Strauch,

unter jede Baumwurzel und in jede Höhle. Sie durchquerten tiefe Schluchten und wanderten über die weite Prärie. Und dort entdeckten sie das Pferd. Sein Fell war wirklich rot wie die untergehende Sonne und die Erde dröhnte unter seinen Hufen, als es, schnell wie der Wind, an ihnen vorbeijagte.

»Da ist mein Pferd!«, riefen Büffelmann und Adlerkönig gleichzeitig. Sie schauten sich an. Langsam wurden ihre Mienen finster.

»Es ist mein Pferd!«, sagte der Indianer.

»Nein«, erwiderte Büffelmann, »es ist meines! Ich habe es deutlich im Traum gesehen.«

»Aber ich habe es auch im Traum gesehen. Es gehört mir.«

Adlerkönig wurde böse auf Büffelmann und Büffelmann wurde böse auf Adlerkönig. Sie stritten eine Weile miteinander, dann drehten sie sich um und gingen in verschiedene Richtungen davon.

Büffelmann beschloss, das Pferd zu fangen. Er steckte sich etwas zum Essen ein und machte sich an die Verfolgung. Er jagte es einen und noch einen Tag. Aber das Pferd lief schnell, viel schneller, als ein weißer Jäger laufen kann. Doch am dritten Tag bekam es Hunger. An einer Stelle, wo besonders schönes junges Gras wuchs, vergaß es das Laufen und begann zu fressen.

Büffelmann hatte es beinahe eingeholt. Es fehlten nur noch ein paar kleine, leise Schritte. Da stolperte er über einen Stein und fiel hin. Das Pferd erschrak und lief weg.

Auch Adlerkönig hatte beschlossen, das Pferd zu fangen. Als er sah, dass es hügelwärts flüchtete, nahm er sofort die Verfolgung auf. Er rannte, so schnell er konnte, hinter dem Pferd den Berg hinauf. Er quälte sich durch Dorngestrüpp und über große Steine. Plötzlich kamen sie an einen reißenden Bergbach.

»Jippih«, frohlockte Adlerkönig, »jetzt habe ich dich, rotes Pferd!«

Aber das Pferd war nicht nur schnell wie der Wind, sondern auch stark wie ein Berglöwe. Es duckte sich ein bisschen und sprang dann mit einem riesigen Satz an das andere Ufer.

Adlerkönig versuchte dasselbe. Ein Indianer ist aber kein Pferd, und wenn er auch sehr klug ist, so hat er doch nur zwei Beine. Adlerkönig rutschte aus und fiel ins Wasser. Das war schlimm und ging gegen seine Ehre. Bis er mühsam wieder an Land kriechen konnte, war das Pferd längst über alle Berge.

So hatten weder Büffelmann noch Adlerkönig das Pferd fangen können. Beschämt schlichen sie heim: Büffelmann von der Prärie zurück in die Berge und Adlerkönig von den Bergen in die Prärie. Auf halbem Weg begegneten sie sich.

»Hast du das Pferd gefangen, Bruder?«, fragte der Indianer.

»Nein. Aber wenn mir jemand geholfen hätte, hätte ich eine Falle gebaut«, antwortete Büffelmann.

»Und wenn mir jemand geholfen hätte«, meinte Adlerkönig, »hätte ich es überlistet.«

Überrascht schauten sie sich an. Langsam hellten sich ihre Mienen auf und sie beschlossen, zuerst eine Falle zu bauen und dann das Pferd zu überlisten, damit es in die Falle lief.

Büffelmann fällte Bäume. Adlerkönig hieb die Äste ab und zersägte die Stämme. Büffelmann schlug Pfosten in die Erde. Adlerkönig verband sie miteinander durch Zweige, bis ein dichter Zaun entstanden war. Büffelmann verknotete das Ende einer Schnur am Tor der Einfriedung und legte sich mit dem anderen Ende in der Hand hinter einem Busch auf die Lauer. Adlerkönig kletterte auf einen Baum und schaute nach dem Pferd aus. Es graste friedlich hinter einer kleinen Erderhebung.

Jetzt schnitt Adlerkönig Zweige von den Bäumen und behängte sich damit, bis er aussah wie ein Strauch. So schlich er sich an das

Pferd heran und hockte sich nieder. Er holte tief Luft und wieherte. Indianer können das. Das Pferd hörte das Wiehern und dachte, da wäre noch ein Pferd, und weil es neugierig war, tat es ein paar Schritte auf Adlerkönig zu. Langsamer als eine Schnecke kriechen kann, bewegte sich der Indianer rückwärts. Immer noch ein Stückchen und noch eines. Ab und zu wieherte er. Und allmählich kamen sie so zur Einfriedung. Adlerkönig immer voraus und das Pferd hinterher, bis sie drin waren.

Jetzt zog Büffelmann an der Schnur. Das Tor fiel zu. Die Jagd war zu Ende. Büffelmann und Adlerkönig tanzten und sangen drei Tage lang.

Mit großer Geduld zähmten sie gemeinsam ihr Pferd. Nach einer Woche fraß es ihnen aus der Hand, nach zwei Wochen ließ es sich führen. Nach vier Wochen konnten sie es reiten und nach acht Wochen kam es, wenn sie es riefen. Sie ließen es aus der Einfriedung heraus und es lief nicht mehr weg. Der Indianer holte sein Zelt und baute es gleich neben Büffelmanns Hütte unter dem alten Baum auf. So waren sie beide zufrieden. Einmal ritt Büffelmann mit dem Pferd auf die Jagd, und ein anderes Mal Adlerkönig.

An jedem siebenten Tag aber fegte Büffelmann die Hütte sauber und schürte das Feuer, während der Indianer seinen schönsten Adlerfederschmuck anlegte. Sie putzten miteinander das Pferd, bis sein Fell spiegelblank war. Dann sangen sie oder rauchten die Friedenspfeife. Und dabei erzählten sie sich viele unglaubliche Geschichten, die vom fliegenden Bären zum Beispiel oder jene vom

Fuchs mit dem grünen Fell. Ganz zum Schluss aber erinnerten sie sich gegenseitig daran, wie sie gemeinsam das rote Pferd gefangen hatten, obwohl es so schnell wie der Wind und so stark wie ein Berglöwe war. Sie erinnerten sich daran, wie sie es überlistet und wie sie es gezähmt hatten. Und darüber freuten sie sich am meisten, denn das war keine unglaubliche, das war eine wahre Geschichte.

# Urmels neuer Freund

von Max Kruse

Erinnerst du dich noch an Professor Habakuk Tibatong und seine sprechenden Tiere?

Einmal brach der Professor von seiner Insel Titiwu auf und machte eine Reise zum Nordpol. Tim Tintenklecks, Wutz, das Urmel, Ping Pinguin und Seele-Fant begleiteten ihn.

Sie segelten wochenlang auf dem Segelschiff »Der fliegende Habakuk« nach Norden.

Und Seele-Fant schwamm immer neben dem Schiff her.

Es wurde von Tag zu Tag kälter.

»Nun werden wir bald die ersten Eisberge sehen«, meinte der Professor eines Morgens.

Da hielt es das Urmel nicht mehr in der Kajüte aus. Es wollte sie unbedingt als Erstes sehen. Das Urmel band sich einen dicken Wollschal um und hielt eifrig Ausschau.

Einmal blieb es sogar die Nacht über draußen. Es dachte dabei an den Eisberg, in dem es vor langer Zeit am Strand von Titiwu gelandet war.

Als der Morgen dämmerte, rief das Urmel begeistert: »Aufwachen! Eine weiße Mauer!«

Sie waren im Treibeis angekommen.

In der Kajüte unter Deck rumorte es. Alle kamen die Treppe heraufgepoltert.

»Ja, das ist nun also das ewige Eis«, erklärte der Professor.

Gerade ging die Sonne auf. Wie das blitzte und glitzerte!

»Ganz wie bei mir zu Hause!«, jubelte Ping Pinguin.

Und er hatte recht, obwohl ein Pinguin niemals am Nordpol auf die Welt kommt, sondern immer am Südpol. Aber auch dort gibt es Schnee und Eis.

Ping Pinguin hielt es nicht mehr aus auf dem Schiff. Er hüpfte

über das Geländer und schoss hinab ins Wasser, so elegant wie es nur Pinguine können. Und bevor er eintauchte, krähte er begeistert: »Oh, so pfönes, kaltes Wasser!«

Ping Pinguin hatte seinen Freund Seele-Fant entdeckt.

Seele-Fant lag auf einer Eisscholle, klappte sein rechtes Auge auf und brummte: »Oh, Pöng Pönguön, öst ös nöcht hörrlöch hör?« – Ist es nicht herrlich hier?

»Ach«, sagte der Professor besorgt, »Ping Pinguin sollte doch lieber zum Schiff zurückkommen. Er war ja noch nie am Nordpol und hat noch nie einen Eisbären gesehen … Und die
Seehunde hier wissen nicht, was ein Pinguin ist!«

Ping Pinguin aber vergaß seine Freunde auf dem Schiff. Klein und drollig stand er auf einer Eisscholle.

Plötzlich bemerkte das Urmel, wie die Scholle langsam abgetrieben wurde. Und da es ja schon seinen warmen Anzug trug und den dicken Schal, kletterte es an der Strickleiter über Bord und lief hinter Ping Pinguin her. Aber es kam nur langsam voran. Oft musste es über eine Wasserrinne springen.

Ping Pinguin blickte begeistert um sich. Ein riesengroßer Eisberg schwamm langsam an ihm vorüber. Dahinter tauchte wieder eine Küste auf. Auf ihren vereisten Klippen lagen viele, viele Seehunde. Über ihnen lärmten die Möwen. Und Ping Pinguin war der allererste Pinguin der Welt am Nordpol.

Ping Pinguin sprang ins prickelnde Wasser. Er tauchte unter dem Eis hindurch.

Wie mühsam war es für das Urmel, ihm zu folgen! Immer wieder musste es einen Umweg um Wassergräben und Eisberge machen. Dabei kam es ganz schön außer Atem.

Ping Pinguin aber hüpfte schon an das andere Ufer. »Hier bin ich!«, schnatterte er.

Nun wurden die Seehunde auf ihn aufmerksam. Was war das denn für ein seltsames Wesen? Sie hatten ja noch nie einen Pinguin gesehen! Sie bellten drohend und hüpften geschickt näher, um ihn aus ihrem Revier zu vertreiben. Das war ihr Zuhause!

Ping Pinguin wurde es nun doch unheimlich. Schon wollte er sich umdrehen, da stockte er: Dort drüben am Eisberg geschah etwas Sonderbares. Ein Rudel von Seehunden bildete einen Halbkreis und rutschte immer näher auf einen Punkt zu. Und dort lag etwas. Es war kaum zu erkennen, fast so weiß wie der Schnee – eigentlich waren nur drei schwarze Knöpfchen zu sehen: zwei Augen und die Nase eines kleinen Seehundes.

»Ping Pinguin! Ping Pinguin!«, rief das Urmel jetzt aus der Ferne. Es schrie sehr laut, aber des klang nur gedämpft durch den dicken Schal.

Ping Pinguin hörte es nicht. Und die dicken Leiber der Robben drängten immer näher an das Kleine heran. Wollten sie es angreifen? Die Luft war erfüllt von ihrem Knurren und Bellen. Deswegen konnte Ping Pinguin das Urmel nicht hören.

Glücklicherweise aber schwamm Seele-Fant jetzt durch einen Wasserlauf zum Urmel. Und er versprach: »Öch wördö möch um Pöng Pönguön kömmörn!« – Ich werde mich um Ping Pinguin kümmern!

Ping Pinguin fühlte, dass dem kleinen Wesen vor ihm Gefahr drohte. Aber er wusste nicht, worin sie bestand. Er stolperte, fiel hin und schlitterte auf dem Bauch weiter. Und plötzlich lag er vor dem armen Kerlchen.

Der kleine weiße Seehund wimmerte leise.

Ping Pinguin reckte seinen Schnabel. Was immer auch geschehen sollte, er wollte der ganzen Herde trotzen. Er schlug seine Flügel heftig klatschend an seinen Leib. Das sollte drohend wirken.

Aber umsonst – die Robben wurden höchstens noch wütender.

Ein grauer, großer Seehund wandte sich nun gegen Ping Pinguin, um ihn anzugreifen. Er hob den Kopf und fletschte die Zähne.

Da erschrak Ping Pinguin doch sehr: »Hilpfe! Hilpfe!« Vor Angst versprach er sich auch noch.

Der kleine weiße Seehund piepste.

Da, im letzten Augenblick, tauchte Seele-Fants mächtiger Kopf zwischen den Eisschollen auf.

»Ach, endlich! Wie pfön!«, rief Ping Pinguin. »Es war ganz pfrecklich! Pfau mal, Seele-Fant, die Seehunde sind so böse zu diesem Kleinen! Warum wohl?«

Seele-Fant schob seinen Oberkörper auf das Land. Sein mächtiger Anblick erschreckte die Seehunde. Sie wagten sich nicht mehr näher heran.

»Das sönd ja allös Feuglöngö!«, knurrte Seele-Fant. – Das sind ja alles Feiglinge!

Jetzt war endlich auch das Urmel herangekommen. Es blickte verwundert auf den kleinen Seehund und sagte: »Nanu, der ist ja ganz weiß! Ist das nun ein Baby, oder nicht?«

Ping Pinguin fühlte sich wieder mutig, weil Seele-Fant und das Urmel bei ihm waren.

»Ja, ja«, krähte er, »der Seehund ist wirklich noch klein, aber ein Baby ist er nicht mehr. Und warum die anderen böse zu ihm sind, kann ich pfon gar nicht verstehen! Ob er wohl ungezogen war?«

»Der? Nie im Leben. Er sieht doch so lieb aus. Und so verängstigt«, sagte das Urmel.

»Ja, ja«, brummte Seele-Fant. »Gut, dass wör gökommön sönd!« – Gut, dass wir gekommen sind!

»Der kleine Seehund ist traurig. Und er hat Angst. Da will er bestimmt kein trauriges Lied mit dir singen, Seele-Fant«, sagte das Urmel.

»Nein, nein!«, stimmte ihm Ping Pinguin zu. »Seele-Fant, was machen wir denn nun? Wir müssen ihm doch helfen!«

Seele-Fant ließ ein gefährliches Knurren hören.

Die Seehunde waren wie erstarrt.

Seele-Fant rutschte noch ein Stück vorwärts, ganz nah an den kleinen weißen Seehund heran. Er stupste ihn freundlich mit der Schnauze und rieb seine Nase an seinem Hals. Da hörte das ängstliche Zittern auf. Doch ein bekümmertes Jaulen stieg zum klirrend kalten Himmel empor.

»Ach Gott«, sagte das Urmel, »jetzt gibt es womöglich doch noch einen Gesang!«

»Meinst du ein Duett von Seele-Fant und dem Seehund?«, fragte Ping Pinguin.

Aber dazu kam es nicht.

Seele-Fant packte nämlich den Kleinen so sanft wie eine Mutter und schleifte ihn ans Wasser. Er stupste ihn hinein und trieb ihn vor sich her. Er drehte seinen dicken Kopf Ping Pinguin und dem Urmel zu und rief: »Kommt schnöll möt! Zum Professor! Da örklärö öch euch allös!«

Und schon schwamm er mit dem kleinen Seehund davon.

Die anderen Seehunde am Ufer ließen die beiden ruhig davonschwimmen. Sie waren zufrieden, dass sich der Gegenstand ihres Zornes entfernte.

Das Urmel und Ping Pinguin mussten sich nun beeilen, um nicht zu weit zurückzubleiben.

Ping Pinguin hatte es einfach, er rief dem Urmel nur »Tpfüs!« zu, was so viel heißen sollte wie »Tschüs!«, stürzte sich ins Wasser und schwamm neben Seele-Fant und dem neuen Schützling her.

Das Urmel aber musste in seinem dicken Schutzanzug rennen und stolpern und über das Eis schlittern.

Endlich kam das Urmel ganz außer Atem beim Segelschiff an.

Der Professor und Tim Tintenklecks lehnten an der Reling. Sie hielten schon besorgt nach ihnen Ausschau.

Nun sagte der Professor froh: »Gottlob, da sind sie ja! Aber wen oder was haben sie denn bei sich?«

Auch Wutz kroch aus der Kajüte.

Schnell ließ Tim Tintenklecks nun ein Körbchen an einem Seil an der Schiffswand hinab. Seele-Fant und Ping Pinguin schubsten den kleinen Seehund hinein, das Urmel schob von hinten.

Dann wurde das Körbchen hochgezogen.

An Bord glitt der kleine Seehund aus dem Körbchen.

Das Urmel kauerte vor ihm nieder. »Ist er nicht süß!«, rief es.

Der Professor rückte unruhig an seiner Brille. »Ja, ja, hm ... hm ... jedoch ...«, machte er mehrmals.

»Wirklich sehr niedlich, ganz goldig, öfföff«, grunzte Wutz. »Und so sauber, so hübsch weiß ... öfföff!«

Der kleine Seehund lag nun auf dem Boden. So schielte er zu Wutz, von Wutz zum Urmel, vom Urmel zu Tim Tintenklecks und von Tim Tintenklecks zu Ping Pinguin. Aber am längsten sah er den Professor an – und seine blanken, schwarzen Augen schimmerten feucht.

»Ich dachte, alle Seehunde wären grau«, sagte das Urmel.

»Ja«, erwiderte der Professor. »Dass er nicht grau ist, das ist eben sein Unglück! Wenn die Seehunde auf die Welt kommen, sind sie erst weiß und wollig, so wie dieser hier. Wenn sie aber älter werden, färbt sich ihr Fell grau. Doch dieser Seehund hat einen kleinen Fehler, einen Pigmentfehler.«

»Was is'n Pigment?«, fragte das Urmel.

»Nun, hm ...«, machte der Professor. »Ein Pigment ist ein Farbstoff im Körper. Den Pigmenten verdankt Wutz ihren rosafarbenen Speck und Ping Pinguin seine weißen und seine schwarzen Federn und das Urmel seine grüne Haut. Und so sollte dieser kleine Seehund eben auch grau werden wie alle anderen Seehunde. Aber er bleibt nun immer hell, weil ihm die Pigmente fehlen. Solch ein Geschöpf nennt man einen Albino.«

»Albinos haben es oft schwer im Leben«, erklärte der Professor weiter. »Diesen hier wollten seine Artgenossen nicht in ihre Herde aufnehmen. Weil er anders aussieht, betrachten sie ihn nicht als einen der ihren. Sie wollten ihn verstoßen.«

»Unerhört, öfföff!«, grunzte Wutz. »Ja, wenn er ekelhaft schmutzig wäre … Aber so hübsch weiß …«

»Ja«, sagte der Professor. »Wie ihr wisst, ist dies ja oft das Schicksal der Andersartigen. Dieser weiße, kleine Seehund wäre umgekommen ohne die Herde, ohne den Schutz der Gemeinschaft!«

»Aber wir sind jetzt seine Gemeinpfaft!«, erklärte Ping Pinguin mit Bestimmtheit. »Was ist er, Professor? Ein Alt…, ein Almiso oder so ähnlich?«

»Ein Albino!«

»Ach, dann nennen wir ihn Albi!«, rief das Urmel. »Er soll Albi heißen und bei uns bleiben.«

»Aber ich habe euch doch schon oft erklärt, dass nicht jedes unglückliche Tier zu uns kommen kann!«, rief der Professor, schon halb überredet. »Die Welt ist so groß, und es gibt so viele arme Geschöpfe. Und Titiwu ist nun einmal so klein …«

»Albi ist mein neuer Freund und darf nicht wieder fort«, sagte das Urmel.

»Und wer, bitte, kümmert sich um ihn?«, fragte der Professor. »So ein Seehund lebt im Meer, nicht bei uns auf dem Land und im Blockhaus …«

»Auch nicht in einer Mupfel?«, fragte Ping Pinguin dann hilfsbereit.

»Auch nicht in einer Muschel«, sagte der Professor.

Trotzdem sollte dem kleinen Seehund geholfen werden.

Denn jetzt rief eine dunkle Stimme: »Dör kleunö Sööhund kommt nöcht nach Tötöwu ...«

»Ach, ich hätte nie gedacht, dass Seele-Fant so was Pfeußliches sagen kann«, krächzte Ping Pinguin.

Und auch Wutz machte verwundert »öfföff«.

Aber sie hatten Seele-Fant nur nicht ausreden lassen.

Er röhrte nämlich noch: »Albö kommt zu mör auf dön Fölsön! Öch nöhmö öhn an Köndös statt an!«

»Ach«, rief Ping Pinguin begeistert, »Seele-Fant nimmt ihn an Kindes statt an!«

»So wie ich das Urmel adoptiert und an Kindes statt angenommen habe, öfföff?«, fragte Wutz.

»Nun ja«, sagte der Professor. »Eben so, wie ich einmal Tim Tintenklecks aufgenommen habe.«

»Jawohl«, sagte das Urmel. »Und du kannst ja nicht gut einem anderen das verbieten, was du selbst getan hast!«

Damit war alles klar.

Und als hätte er es verstanden, schnaufte der kleine Seehund wohlig auf und schloss dann die Augen. Er spürte, dass er hier unter Freunden war. Und das war er wirklich.

Denn von dem Tag an, als sie alle wieder auf ihrer warmen Insel Titiwu waren, lebte der kleine Seehund bei ihnen. Seele-Fant kümmerte sich rührend um ihn. Er brachte ihm vieles bei – etwa das richtige Schwimmen und Jagen – und sie lagen zusammen auf dem kleinen Felsen im Meer.

Das Urmel besuchte sie immer wieder. Albi wurde sein neuer Freund, mit dem es im Wasser herumtollte.

Der Professor brachte Albi sogar das Sprechen bei.

Und bald sang der Seehund mit Seele-Fant »traurögö Lödör«. Manchmal aber auch lustige!

# Rücken an Rücken mit einem guten Freund

von Otfried Preußler

Mit einem Mal war die Sonne weg, der Himmel hatte sich schwarz bewölkt, ein Windstoß fuhr durch die Worlitzer Wälder, dass sich die Wipfel bogen. Es schien, dass auf Zwottels Riecher wirklich Verlass war: Während sie nach dem Hut gesucht hatten, war ein Gewitter heraufgezogen. Schon zuckten die ersten Blitze, schon brach das Unwetter über sie herein.

»Gleich fängt es an zu gießen!« Zwottel hielt Umschau nach allen Seiten. »Jetzt brauchen wir einen Unterschlupf! Irgendwo in der Nähe möglichst ...«

Hörbe ließ sich nicht aus der Ruhe bringen. »Wir haben doch meinen Hut!«, rief er. »Wenn wir uns druntersetzen, sind wir gut aufgehoben.«

»Dass ich nicht lache! Das Amselnest reicht ja nicht mal für dich allein – und für zwei schon gar nicht!«

»Du wirst dich noch wundern, Zwottel! Fass an – wir machen den Obendrüberhut einfach größer ...«

Nun dehnten sie Hörbes Hut mit vereinten Kräften noch aus.

Hörbe zog auf der einen Seite, der Zottelschratz auf der anderen.

Sie zogen und zerrten, bis sie den Hut auf die richtige Größe gebracht hatten.

»Na, Zwottel? Findest du immer noch, dass er für zwei nicht ausreicht?«

»Im Gegenteil, Hörbe! Wenn er jetzt auch noch dicht hält ...«

»Die Sorge kannst du dir sparen, Zwottel!«

Der Obendrüberhut war nun etwa so groß wie ein Rabennest, eher ein bisschen größer. Sie drehten ihn mit der Krempe nach unten – und kaum dass sie richtig druntersaßen, da klatschten auch schon die ersten Regentropfen auf sie herunter.

»Brrr!«, sagte Zwottel und zog den Kopf ein. »Wenn ich mir vorstelle, Hörbe, wir hätten das alles im Freien draufbekommen ...«

Es regnete stärker und immer stärker. Draußen jagte ein Windstoß den andern. Der Regen peitschte den Hut, dass es nur so prasselte.

»Hörst du das, Hörbe? Das ist ja, als ginge die Welt unter!«

Das Gewitter tobte mit aller Macht. Donnerschlag folgte auf Donnerschlag. Und es blitzte so wild und grell, dass sie meinten: »Im nächsten Augenblick tut es einen Krach – und dann ist es aus mit uns!«

Da und dort schien der Hut nicht ganz dicht mit dem Waldboden abzuschließen. Es gab ein paar Stellen, da zuckte es weiß und flackernd zu ihnen herein: ein böses, scheußliches Licht, das sie blendete.

»Gleich w-w-wird's bei uns einschlagen, Hörbe ... Gleich schl-l-lägt's in den Hu-hu-hut ...«

Der geborene Spaßmacher schüttelte sich vor Angst, vom Kopf bis zum Zottelschwanz. Hörbe erging es um kein Haar besser. Er klapperte mit den Zähnen, es wurde ihm abwechselnd heiß und kalt.

Das Wetter wütete weiter. Blitze zuckten von allen Seiten, Donner auf Donner krachte. Und plötzlich ein Fauchen, ein kalter Luftzug.

Sie sahen mit Schrecken, dass sich der Hut auf Zwottels Seite ein Stück emporhob.

»Festhalten, Zwottel – festhalten, dass er uns nicht davonfliegt!«

Der Zottelschratz packte den Hutrand mit beiden Händen und drückte ihn nieder, so fest er konnte.

»Gut so, Zwottel!«

Im nächsten Augenblick fauchte der Wind von der anderen Seite herein.

»Aufgepasst, Hörbe!«

Hörbe hatte schon zugepackt. Mochte der Sturm doch zerren

und reißen, so viel er wollte – sie ließen sich Hörbes Hut nicht wegblasen. Auf der einen Seite hielt ihn der Hutzelmann fest, auf der anderen der Zwottel. Gemeinsam würden sie das schon schaffen!

»Bei dir drüben alles in Ordnung, Zottelschratz?«

Zwottel gab keine Antwort. Zwottel blieb stumm.

»Was ist los mit dir, Zwottel? Sag doch was!«

Zwottel Zottelschratz gab keine Sterbenssilbe von sich, er schniefte und schnaufte bloß ganz entsetzlich.

Hörbe blickte voll Sorge zu ihm hinüber. Im Flackern des nächsten Blitzes wurde ihm klar, warum Zwottel nicht antworten konnte: Der Zottelschratz hatte sich mit den Zähnen im Hutrand festgebissen – zur Sicherheit!

»Ach so – ich verstehe ... Gut so, mein Lieber! Nicht auslassen, hörst du – nicht auslassen!«

Jedes Unwetter hört einmal wieder auf, jedes Gewitter verzieht sich am Ende wieder. Das weiß man zwar aus Erfahrung – aber im Augenblick war das für Zwottel und Hörbe leider ein schwacher Trost. Wenn nur der Hut nicht wegflog! Wenn sie nur von den Blitzen verschont blieben! Wenn nur kein Wipfel auf sie herabstürzte – oder gar ein Baum!

»Aufhören! Aufhören!«, schimpfte Zwottel, sooft er die Zähne zwischen zwei Windstößen freibekam. »Aufhören, sag ich!! Aufhören – oder ich vergess mich!!!«

Da konnte er lange schimpfen! Er musste sich zwischendrin immer wieder am Hutrand festbeißen, wenn der Sturm hereinfuhr.

Aber dann war es so weit, dann hatte auch dieses Gewitter sich endlich ausgetobt und zog grollend ab.

Es rumpelte noch ein paarmal von fern herüber. Das war schon kein richtiger Donner mehr, bloß noch ein dumpfes Grummeln und Brummeln, das mit der Zeit verebbte.

Dann und wann noch ein Wetterleuchten am Himmel – ein blasses, harmloses Flackern: irgendwo weit, weit weg. Viel zu schwach und zu matt schon, als dass sie es unter Hörbes Hut überhaupt noch bemerkt hätten.

Auch der Sturm hatte sich besänftigt. So jäh er begonnen hatte, so rasch war er wieder abgeflaut.

Bloß der Regen – der Regen hielt weiter an. Nun rauschte er schwer und schläfrig auf sie hernieder: auf Hörbes Hut, unter dem sie beisammensaßen und froh waren, dass das Unwetter nun vorüber war.

»Ein Glück, dass wir deinen Hut hatten, Hörbe!«

»Und dass wir zu zweit waren, Zwottel! Was nützt dir der schönste Hut, wenn der Sturm ihn dir wegbläst ...«

Sie hatten sich Rücken an Rücken gesetzt und die Beine ausgestreckt: jeder nach seiner Seite.

Dann sprachen sie eine Weile nichts mehr und ließen den Regen regnen.

Es regnete draußen, es regnete, regnete, regnete ohne Unterlass.

In den Worlitzer Wäldern musste es unterdessen Abend geworden sein.

»Soll ich mal nachsehen, Hörbe?«

»Von mir aus ...«

Der Zottelschratz hob mit der großen Zehe den Hutrand ein wenig an.

»Stockfinster draußen – und nichts wie Regen, so weit du hören kannst.«

Hörbe musste daran zurückdenken, wie er in solchen verregneten Nächten manchmal erwacht war, zu Hause im Siebengiebelwald. Und wenn er gehört hatte, wie es draußen herunterprasselte auf das Reisig über dem Haus – dann war es ihm vorgekommen, als könnte es auf der Welt nichts Schöneres geben für ihn: ein Dach überm Kopf, unter dem man geborgen war, und ein gutes Hutzelmannbett.

Und doch! Was er hier erlebte, in dieser Stunde, war schöner als alles andere je zuvor: mitten im Wald unter einem Hut zu sitzen, wenn draußen der Regen rauschte – Rücken an Rücken mit einem guten Freund.

Da konnte man hören, wie weit die Welt war: so weit, so weit. Und man selber saß mittendrin in der weiten Welt. Und man hatte es warm und trocken und spürte am ganzen Leib, dass man glücklich war.

# Herr Schnäufel findet einen Freund

von Hortense Ullrich

Das ist Herr Schnäufel. Er hat hageldünne Beine. Aber die sieht man nicht, denn er trägt stets einen langen Mantel. Er hat drei rosa Haare auf dem Kopf, aber die sieht man auch nicht, denn er trägt stets eine Mütze.

Und Herr Schnäufel hat einen Flugschal. Den sieht man aber, denn den hat er immer um den Hals gebunden. Ein Flugschal ist genau das, wonach es klingt: ein Schal zum Fliegen. Wenn man diesen Schal trägt, kann man fliegen. Egal, ob man Flügel hat oder nicht. Herr Schnäufel ist sehr stolz darauf, dass er fliegen kann. Und jemand, der fliegen kann, sollte doch eigentlich sehr froh sein, denkt man. Aber Herr Schnäufel war nicht froh. Ganz und gar nicht. Im Gegenteil, Herr Schnäufel war schlecht gelaunt.

»Alle haben einen Freund. Nur ich nicht«, schimpfte er, »das ist nicht fair.«

Dass Herr Schnäufel keinen Freund hatte, war nicht seine Schuld. Sein Baum war daran schuld. Herr Schnäufel wohnte nämlich in einem der seltenen Wanderbäume. Mal auf der Wiese, mal im Wald. Je nachdem. Je nachdem, wo der Baum gerade hinwanderte. Denn der Baum war ein sehr eigenwilliger Baum. Er lief in der Gegend umher. Nur so. Weil er es eben kann. Deshalb hatte Herr Schnäufel keinen Freund. Denn wer ständig umzieht, dem bleibt kaum Zeit, mit jemandem Freund zu werden.

Herr Schnäufel fand das gar nicht gut. Aber was sollte er tun? Nachdenken und eine Idee haben.

Herr Schnäufel dachte nach. Er dachte, dachte und dachte, und dann kam ihm die Idee: Er würde die Dachwohnung seines Wanderbaumes vermieten. Er würde einen Untermieter suchen. Genau genommen würde es ein Übermieter sein. Weil er ja über Herrn Schnäufel wohnen sollte. Dann hätte Herr Schnäufel einen Freund für immer.

Viele kamen und wollten Herrn Schnäufels Untermieter sein. Aber Herr Schnäufel schüttelte immer nur den Kopf. Nein. Nicht der Richtige. Herr Schnäufel suchte einen ganz bestimmten Freund. Er wollte einen Freund, der fliegen kann. Aber es kam niemand, der fliegen konnte. Herr Schnäufel war sehr enttäuscht. Seine schöne gute Idee! Alles umsonst! Traurig legte er sich ins Bett.

Als er am nächsten Morgen aus seinem Wanderbaum hinausging, rannte er gegen eine dicke Eiche, die am Abend zuvor noch nicht dort gestanden hatte.

»Autsch!«, rief er ärgerlich und hielt sich seinen Schnäufel. Aber als er sah, wohin sein Wanderbaum über Nacht gewandert war, schlug sein Herz höher: Er stand mitten in einer Rabenkolonie! Einen Raben als Freund! Ja, das wäre perfekt! Denn Raben können fliegen.

Etwas abseits, ganz alleine für sich, saß ein kleiner Rabe und las in einem Buch.

»Der sieht nett aus«, dachte Herr Schnäufel und lief zu ihm.

»Guten Tag, mein Name ist Schnäufel und ich bin ein Schnäufel.«

»Guten Tag, mein Name ist Rabe und ich bin ein Schnabel«, stotterte der Rabe überrascht. »Ähm, nein, Entschuldigung, ich meine natürlich: Mein Name ist Schnabel, ich bin ein Rabe.«

»Wenn du ein Rabe bist, werde ich dich auch Rabe nennen«, sagte Herr Schnäufel.

»Geht klar«, nickte der Rabe.

»Ich kann fliegen«, prahlte Herr Schnäufel.

»Ich kann lesen«, krächzte der Rabe.

»Das macht nichts«, meinte Herr Schnäufel, »möchtest du mein Untermieter sein?«

»Was kostet das?«, wollte der Rabe wissen.

»Nichts. Aber es wäre toll, wenn du mein Freund werden würdest.«

»Kann ich machen. Rein zufällig habe ich nämlich gerade keinen Freund.«

»Wo ist die Wohnung?«, fragte der Rabe.

Herr Schnäufel deutete auf die Spitze des Wanderbaums. »Da oben.«

»Oje«, sagte der Rabe erschrocken. »Ich dachte, die Wohnung wäre unten. Du hast doch gesagt, du suchst einen Untermieter.«

»Oben ist die Aussicht besser«, rief Herr Schnäufel fröhlich.

Der Rabe wurde etwas verlegen und meinte: »Es gibt da ein Problem ...«

»Ach was«, winkte Herr Schnäufel ab, »jemand, der fliegen kann, hat keine Probleme. Ich möchte nämlich meinen Wanderbaum nicht mit jemandem teilen, der nicht fliegen kann.«

Da schluckte der Rabe und hielt den Schnabel.

Herr Schnäufel und der Rabe verstanden sich prächtig. Sie hatten vieles gemeinsam: Beide mochten keine Würmer und Käfer zum Tee, sondern lieber Schokoladen-Kekse. Sie sangen gerne laute Lieder und vergaßen immer wieder, dass man sich die Zähne putzen muss, bevor man schlafen geht. Sie waren der Meinung, dass Monster unters Bett gehören und man Hexen nicht küssen sollte. Und beide liebten Himbeereis mit Mayonnaise. Sie waren richtig froh, dass sie so gute Freunde geworden waren.

Damit sich der Rabe auch ja bei ihm wohlfühlen würde, ließ Herr Schnäufel den Raben bestimmen, was sie so den lieben langen Tag tun. Am liebsten setzte sich der Rabe hin und las. Stundenlang. Das war ja mauselangweilig, fand Herr Schnäufel. Wenn der Rabe wenigstens laut vorgelesen hätte ... aber so! So konnte es nicht weitergehen. »Heute machen wir einen Ausflug!«, rief Herr Schnäufel deshalb.

»Oh ja, ich ziehe nur noch schnell meine Wanderschuhe an«, freute sich der Rabe.«

»Aber wozu denn, wir fliegen doch!«

»Das wusste ich nicht«, sagte der Rabe enttäuscht.

»Aber ich habe doch Ausflug gesagt und nicht Auslauf.«

»Dann lieber nicht«, krächzte der Rabe.

»Oh doch! Heute bin ich mal dran. Ich darf bestimmen, was wir machen. Und ich bestimme, dass wir fliegen. Wenn du mein Freund sein willst, musst du auch mit mir fliegen«, rief Herr Schnäufel ganz aufgebracht. »Ich hab ja bisher auch alles gemacht, was du wolltest.«

»Na gut«, gab der Rabe schnell nach, denn er wollte Herrn Schnäufel auf keinen Fall als Freund verlieren. »Aber bitte flieg nicht so schnell. Und nicht so hoch!«

Herr Schnäufel nickte und flog los. Immer ganz knapp über den Bäumen entlang und ziemlich langsam. Der Rabe hüpfte hinterher. Erst einen Baum hoch und dann von Ast zu Ast, und von Baum zu Baum, immer hinter Herrn Schnäufel her. Und wenn Herr Schnäufel sich mal nach dem Raben umguckte, flatterte der Rabe schnell mit seinen Flügeln.

Als die beiden von ihrem Ausflug zurückkamen, war der Rabe ziemlich erschöpft und Herr Schnäufel ziemlich sauer. »Du bist nicht geflogen, du bist nur gehüpft. Das habe ich genau gesehen.

Hüpfen gilt nicht, das ist unfair. Nie machst du, was ich will. So einen Freund brauche ich nicht!«

Der Rabe krächzte: »Ich kann ja wieder ausziehen.«

Herr Schnäufel sagte nichts.

Da zog der Rabe aus.

Jetzt war Herr Schnäufel wieder alleine und er fühlte sich einsam. Er vermisste den Raben. Obwohl der Rabe nie mit ihm geflogen ist, war es doch schön, ihn als Freund zu haben. Aber bitte, wenn der Rabe nicht mehr sein Freund sein wollte, dann würde sich Herr Schnäufel eben einen neuen Freund suchen.

Aber er fand niemand, der ihm so gut gefiel wie sein alter Freund Rabe. Herr Schnäufel wurde immer trauriger. Noch trauriger als vorher, als er noch gar keinen Freund hatte.

Eines Nachts wanderte Herrn Schnäufels Wanderbaum wieder zur Rabenkolonie. Herr Schnäufel war mächtig froh, als er das sah. Dann aber wurde er trotzig und meinte, er würde nie und nimmer den Anfang machen, der Rabe solle sich bei ihm entschuldigen. Aber der Rabe kam nicht. Er kam ganz lange nicht. So lange, dass Herr Schnäufel ganz ungeduldig wurde und dann doch selbst zu den anderen Raben ging und nach seinem Freund fragte.

Leider wusste keiner, wo der kleine Rabe war.

»Traurige Sache, mit dem kleinen Raben«, krächzten die Raben.

»Ja, ich vermisse ihn auch«, gab Herr Schnäufel zu.

»Nein, dass er nicht fliegen kann.«

»Er kann nicht fliegen?«, fragte Herr Schnäufel ungläubig. »Aber er ist doch ein Rabe. Alle Raben können fliegen.«

Die Raben zuckten die Flügel. »Er nicht. Deshalb lachen ja alle über ihn und keiner will sein Freund sein.«

»Aber er kann lesen!«, verteidigte Herr Schnäufel den Raben.

»Na und?«, krächzten die Raben. »Fliegen können ist viel wichtiger.«

»Seid ihr da ganz sicher?«, fragte Herr Schnäufel.

»Klar«, krächzten die Raben und flogen davon.

Herr Schnäufel machte ein nachdenkliches Gesicht. Er hatte ein ganz schlechtes Gewissen, weil er ja immer gesagt hatte, dass er nur jemanden zum Freund haben will, der fliegen kann. Das muss den Raben ziemlich traurig gemacht haben. Vielleicht ist fliegen können doch nicht so wichtig, wie er immer geglaubt hatte. Schließlich waren sie ja mal richtig gute Freunde gewesen, obwohl der Rabe nicht fliegen kann.

Herr Schnäufel machte sich schleunigst auf den Weg, seinen Freund zu suchen. Nun war es noch wichtiger, den Raben zu finden, weil Herr Schnäufel sich dringend beim Raben entschuldigen wollte. Herr Schnäufel suchte und suchte. Aber kein Rabe weit und breit.

Und langsam wurde es dunkel. Eine dicke Träne rollte an Herrn Schnäufels Schnäufel entlang, und dann sah er ihn: Ganz traurig und alleine saß sein Freund, der Rabe, da. Er war so traurig, dass er noch nicht einmal las. Und dauernd musste er sich schnäuzen.

»Es tut mir so leid!«, rief Herr Schnäufel dem Raben schon von Weitem zu.

Der Rabe sprang auf und lief Herrn Schnäufel entgegen. Und

sie umarmten sich und mussten abwechselnd lachen und weinen. Aber geweint haben sie nur vor lauter Freude.

»Mir tut es auch leid«, krächzte der Rabe. »Ich hätte dir die Wahrheit sagen sollen. Aber ich hatte Angst, dass ich dann nicht bei dir wohnen darf.«

Herr Schnäufel schämte sich. Dann sagte er: »Macht doch nix, dass du nicht fliegen kannst. Dafür kannst du lesen.«

Der Rabe zog wieder zu Herrn Schnäufel in den Wanderbaum. Herr Schnäufel baute für den Raben extra eine Wendeltreppe, damit der Rabe bequem in seine Wohnung hüpfen konnte. Jeden Tag machte der Rabe mit Herrn Schnäufel einen Ausflug. Jawohl, sie flogen zusammen, denn Herr Schnäufel teilte seinen Flugschal mit seinem Freund.

Und wenn sie abends müde vom Fliegen zurückkamen, las der Rabe Herrn Schnäufel immer noch eine Gute-Nacht-Geschichte vor. Und Herr Schnäufel war sehr froh, dass er jetzt einen Freund für immer hatte.

# Guten Tag, lieber Wal

von Achim Bröger

Heinrich saß mit seiner Frau Rosine auf der Bank und sah den Fluss hinunter. Früher, als er noch Fischer gewesen war, hatte er dazu keine Zeit gehabt. Jeden Tag musste er im Fluss Fische fangen. Wenn er abends nach Hause kam, tat ihm der Rücken weh und er war müde. Aber jetzt hatte er endlich Zeit. Stundenlang saß er da und träumte. Am liebsten träumte er vom Meer. Weit weg, wo der Fluss zu Ende ist, beginnt es. Bis dorthin war er nie gekommen. Ob die Wellen höher sind als hier am Fluss?, überlegte er.

Einmal wollte er hinausfahren und sich alles ansehen. Das wünschte er sich sehr und er erzählte seiner Frau davon.

»Fahr, wenn es dir Spaß macht«, sagte sie. »Aber bleib nicht zu lange. Ich sitze nämlich gerne mit dir auf unserer Bank.«

Sie standen auf und packten für die Fahrt zum Meer.

Etwas zum Essen, zum Trinken und zum Anziehen kam in Heinrichs Boot. Dazu eine Decke, ein Kissen und eine Laterne. Die Mütze und die Streichhölzer durften nicht vergessen werden. Auch die Harpune musste mit.

Heinrich stieg ins Boot und verabschiedete sich von seiner Frau. »Wenn du einen Wal siehst, grüß ihn von mir«, sagte sie.

Rosine stand noch lange am Steg und winkte. Immer kleiner wurde sie. So klein, dass sie unter Heinrichs Mütze passte. Er ruderte weiter. Bald war sie kleiner als ein Wassertropfen. Und schließlich so klein, dass er sie nicht mehr sehen konnte.

Heinrich ruderte den Fluss hinunter. Er konnte das Meer schon riechen.

Endlich kam Heinrich am Meer an. Die Wellen waren wirklich höher als am Fluss. Die Sonne schien und überall sah er Fische. Manchmal ruhte Heinrich aus und sah ihnen zu. Dann ruderte er weiter und die Fische sahen ihm zu.

Am Horizont tauchte ein Schiff auf und wurde größer. Rasch

kam es näher. Von den hohen Wellen des Schiffes wurde Heinrichs kleines Boot geschaukelt. Einen Augenblick hatte er Angst, dass es umkippen könnte.

Dann schwamm das große Schiff davon. Heinrich war wieder allein mit dem Wasser, den Fischen und der Sonne.

Weiter und weiter ruderte er. Als es Abend wurde, stieg der Mond über dem Meer auf und beschien das Boot. Heinrich hatte gegessen und getrunken. Jetzt wurde er immer müder.

Es war sehr still auf dem Meer. Um das Boot schwappten Wellen. Wenn das Mondlicht ihre Spitzen berührte, funkelten sie. Ganz sacht wurde das Boot geschaukelt. Heinrich schlief und trieb die ganze Nacht.

Als er wach wurde, sah er vor sich eine Insel. Aber die Insel tauchte auf und hatte ein Auge. Dann tauchte die Insel weiter auf und hatte ein Maul. Und solche Inseln sind selten.

Heinrich blinzelte, streckte sich und staunte. Die Insel war ein Wal. »Guten Morgen«, sagte Heinrich und zog die Mütze. »Viele Grüße von meiner Frau. Sie heißt Rosine und ich heiße Heinrich. Hab bitte keine Angst vor meiner Harpune.«

Der Wal lächelte ein freundliches Wallächeln und bedankte sich für die Grüße. Dann stellte er sich vor. »Mein Name ist Wal«, sagte er und wedelte höflich mit der Schwanzflosse. »Guten Morgen, Heinrich. Schön, dass ich dich treffe. Ich war lange Zeit allein. Lass uns etwas unternehmen.«

Die beiden spielten und unterhielten sich. Heinrich erzählte von Rosine, vom Fluss, von Vögeln und Sonnenblumen.

Der Wal erzählte von fliegenden Fischen, von Haien, von Walfängern und Riesenkraken.

Einen Tag und eine Nacht blieben sie zusammen.

Schließlich wollte Heinrich wieder nach Hause rudern. Die beiden tauschten ihre Adressen. Heinrich sagte: »Vallenbüttel, Hauptweg 9, direkt am Fluss.«

Der Wal sagte: »Im Meer.«

Und dann ruderte Heinrich sein Boot über das Meer zum Fluss und zu seiner Frau zurück. Von diesem Tag an besuchte er seinen neuen Freund, den Wal, alle sechs Monate. Er war immer sehr pünktlich.

Aber eines Tages kam er nicht. Der Wal wartete. Lange sah er über die Wellen. Heinrich und sein Boot tauchten nirgends auf. Ich muss wissen, ob ihm etwas passiert ist, dachte er voller Sorge. Die Adresse habe ich, Vallenbüttel, Hauptweg 9, direkt am Fluss. Er schwamm los. Aufgeregt suchte er nach der Flussmündung. Immer unruhiger wurde er und dann verschwamm er sich auch noch. Statt an der Flussmündung kam er im Hafen an.

Der Wal suchte weiter und schwamm an der Küste entlang.

Erst kam er an einer Boje vorbei. »Guten Tag, Boje«, sagte er. »Kannst du mir erklären, wo ich die Flussmündung finde?« Die Boje gab keine Antwort. Nur die Kette, an der sie hing, rasselte ein wenig.

Später kam er an einem Leuchtturm vorbei. »Guten Tag, Leuchtturm«, sagte der Wal. »Kannst du mir vielleicht erklären, wo ich die Flussmündung finde?« Auch der Leuchtturm gab keine Antwort. Er stand nur stolz und gerade am Ufer und leuchtete.

Aber da, gleich hinter dem Leuchtturm, sah er endlich die Mündung. Er schwamm den Fluss hinunter. Der wird ja immer schmaler, wunderte er sich. Daran hatte er überhaupt nicht gedacht.

Plötzlich, mitten in einer Stadt, war der Fluss zu schmal für den großen Wal. Er blieb unter der Brücke stehen.

»Ein großer Wal in unserer kleinen Stadt«, staunten die Leute. »Na, so was!«

Sie versuchten, ihn wegzuziehen. Sie versuchten, ihn wegzuschieben, und sie streichelten seine blanke Haut, um ihn zu trösten. Aber das alles half nichts.

Tagelang dachte der Wal an Heinrich. Vor lauter Kummer aß er nichts. Wenn er seufzte, drückte er eine kleine traurige Luftblase aus seinem Maul. Immer mehr kleine Luftblasen stiegen auf.

Die Leute meinten: »Sogar seine Augen sehen traurig aus.«

Nach einigen Tagen stellten sie überrascht fest: »Unser Wal ist vor Kummer immer kleiner geworden. Jetzt kann er bald wegschwimmen.«

Sie kamen aus ihren Häusern und trafen sich am Ufer.

Eine Musikkapelle spielte.

Der Wal wedelte mit seiner Schwanzflosse. Dann schwamm er weiter.

Der Fluss wurde immer schmaler. Der Wal aß nichts und wurde kleiner und kleiner. Bald bin ich bei Heinrich, dachte er.

Es dauerte wirklich nicht mehr lange, bis er Heinrich sah. Und dann sah Heinrich ihn. Vor Freude wäre er beinahe aus seinem Gips gesprungen. Leider musste er den tragen. Er war nämlich beim Apfelpflücken vom Baum gefallen und hatte sich ein Bein gebrochen. »Prima, dass du mich besuchst«, rief Heinrich. »Aber sag mal, warum bist du so geschrumpft? Das musst du mir gleich erzählen. Moment, erst hole ich schnell ein Glas.«

Heinrich humpelte ins Haus und holte ein großes Glas. Er füllte

es mit Wasser und legte den Wal hinein. Vorsichtig trug er ihn zu seiner Frau und berichtete aufgeregt: »Rosine, wir haben Besuch bekommen. Da, im Glas, schwimmt er. Mein Freund, der Wal, ist eben angekommen.«

Rosine schlug die Hände über dem Kopf zusammen und staunte: »Nein, ein Miniwal im Wasserglas. Nein, o nein! Allerdings hatte ich ihn mir viel größer vorgestellt, deinen Freund, den Wal.«

Morgen wollten sie in die Stadt gehen und ein Glas kaufen, in das mehr Wasser passt. Richtig wohl sollte er sich bei ihnen fühlen.

Da schwamm nun im Wohnzimmer des Fischers ein kleiner Wal in einem ziemlich großen Glas. Vielleicht bringt Heinrich ihn irgendwann ins Meer zurück. Vielleicht wächst der Wal auch plötzlich wieder. Aber daran denken sie noch gar nicht. Sie haben sich ja so viel zu erzählen.

# Ätsch bätsch

von Beate Dölling

Lulu und Max sind die allerbesten Freunde.

Heute darf Lulu nach dem Kindergarten mit zu Max nach Hause. Es ist das erste Mal und sie ist schon sehr gespannt, wie es wohl bei ihm aussieht.

Max sagt: »Meine Großeltern kommen heute zu Besuch. Sie bringen mir bestimmt wieder was Tolles mit. Ein Feuerwehrauto mit echter Leiter oder ein Trampolin, mit dem man bis zum Kirchturmhahn springen kann, oder eine Sternputzmaschine ...«

»Eine Sternputzmaschine?«, fragt Lulu. »Glänzen bei euch etwa die Sterne nicht mehr? Wenn meine Großeltern mich besuchen, bringen sie mir immer tausend Schachteln Gänsesmarties mit. Damit kann ich locker den Weg von hier bis nach Hause pflastern. Ätsch bätsch!«

»Pöh«, sagt Max. »Gänsesmarties kriege ich noch dazu! Dafür habe ich viel mehr frisch geschlüpfte Küken-Geschwister. Die sind gelb, weich und flauschig. Wenn die sich alle auf mich drauflegen, ist es wie eine riesige Kuscheldecke.«

Lulu denkt kurz nach. »Dafür hat meine Mama das schönste Federkleid weit und breit. Es hängt ihr wie eine Schleppe bis auf den Boden. Tagsüber schimmert und glitzert es in der Sonne, und abends duftet es nach Mond. Und wenn sie baden war, hängen die Wassertropfen wie Perlen in ihrem Gefieder. Ätsch bätsch.«

»Meine Mutter sieht nicht nur wunderschön aus, sie hat auch eine zauberhafte Stimme.« Max plustert sich auf. »Wenn sie anfängt zu singen, weint der Himmel sogar echte Eiskugeln. Ätsch bätsch! – Schokolade, Erdbeere, Waldmeister ... Ich muss dann nur noch den Schnabel aufhalten!«

Lulu schaut den Freund bewundernd an. »Dafür kann mein Vater am tiefsten tauchen. Viel tiefer als alle Fische der Welt! Und er kann ganz lange unter Wasser bleiben. Wenn er morgens abtaucht,

kommt er erst abends wieder an die Wasseroberfläche. Ohne ein einziges Mal Luft zu holen! Ätsch bätsch!«

Max pfeift durch den Schnabel. »Aber das ist alles nichts gegen meinen Vater! Der kann nämlich einen kerzengeraden Schnabelstand. Und weil er dafür immer üben muss, läuft er nur noch auf dem Schnabel durch die Gegend. Ätsch bätsch!«

»Dafür«, sagt Lulu, »kann mein Bruder mit allen unseren Gänseeiern und allen Gänseeiern aus der Nachbarschaft jonglieren, auch, wenn die Küken schon mit dem Kopf rausgucken. Manchmal schafft er das sogar im Fliegen.«

»Der beste Flieger aller Zeiten ist aber mein Bruder«, sagt Max. »Der ist stark und superfit. Der startet ohne Anlauf und bevor du bis drei zählst, ist er schon über alle Schornsteine. Außerdem kann er im Fliegen kackern. Ätschi bätschi! Aber er kackert nicht ziellos in der Gegend herum, sondern trifft jeden Fuchs auf den Kopf. Und das sogar mit verbundenen Augen!«

»Wollen wir das auch mal probieren?«, fragt Lulu.

»Ja, aber nicht heute, wenn meine Oma und mein Opa kommen«, meint Max. »Da spielen wir lieber mit meinen Spielsachen. Ich habe auch noch einen Unterwasser-Roller, eine Schlammrutsche und einen Brummkreisel, auf dem man Karussell fahren kann ...«

»Toll!«, sagt Lulu. »Wann sind wir denn endlich da?«

Max deutet nach vorne.

Endlich sind die beiden Prahlgänschen angekommen und Lulu meint mit einem zufriedenen Seufzer: »Sieht ja toll aus bei euch. Alles genauso wie bei uns!«

# Können Nixen wirklich nix?

von Sandra Grimm

Jonas, der kleine Delfin, huscht durchs Wasser. Im Zickzack schwimmt er um die Sonnenstrahlen herum. Er ist der schnellste Delfin im ganzen Ozean.

Plötzlich muss Jonas bremsen – wie ärgerlich! Vor ihm schwimmt nämlich eine Nixe.

»Darf ich mitspielen?«, fragt sie.

Jonas schüttelt den Kopf. »Nein. Du bist mir im Weg. Schwimm mal zur Seite!«

Mit einem kleinen Schwanzschlag macht die Nixe Platz. »Warum kann ich nicht mitspielen?«, fragt sie wieder.

»Weil das mein Spiel ist«, faucht Jonas, »und weil ich mit Nixen nicht spiele!«

»Vielleicht, weil du mich nicht kennst«, sagt die Nixe. »Ich heiße Liva. Und du?«

Der kleine Delfin wackelt ärgerlich mit seiner Rückenflosse. »Ist doch egal. Ich will jetzt spielen. Und zwar allein. Mein Papa sagt, Nixen sind gemein und lügen. Außerdem habt ihr dreckige Schuppen und stinkt!«

»So ein Quatsch«, sagt Liva lachend. »Oder findest du etwa, dass es hier stinkt?«

Jonas guckt verlegen zur Seite. Nein, das findet er eigentlich nicht. Trotzdem meckert er weiter: »Und ich spiel nicht mit dir, weil du sowieso viel langsamer bist als ich!«

»Wart's ab!«, ruft die Nixe. »Komm, wir machen ein Wettschwimmen zum Felsen. Los!« Schon schwimmt Liva davon.

Jonas jagt ihr nach. Die Nixe ist wirklich schnell, aber ein Delfin ist nun einmal noch viel schneller. Darum klatscht Jonas zuerst mit seiner Flosse an den Felsen.

»Erster«, brüllt er.

Liva lächelt. »Du hast gewonnen!«

»Jetzt machen wir noch ein Wettspringen«, fordert Jonas sie heraus. Er schwimmt an die Meeresoberfläche.

»Halt«, ruft Liva ihm nach. »Das geht nicht! Mich dürfen die Menschen doch nicht sehen. Das ist zu gefährlich!«

»Angstnixe, Pfefferbüxe«, ruft Jonas. »Mit dir ist es langweilig! Ich geh woanders spielen!« Jonas schwimmt langsam von Liva weg. Rückwärts, um noch ein bisschen anzugeben. »Ich kann ja sowieso alles besser als du!«, sagt er. »Du kannst gar nichts!«

Plötzlich winkt Liva aufgeregt mit den Armen.

Doch Jonas redet weiter: »Ist ja auch klar, dass du nix kannst, das sagt ja schon dein Name: Nixe! Wir Delfine wollen nix mit euch Nixen zu tun haben!« Jonas dreht sich um und schwimmt los – mitten in ein riesiges Fischernetz! Hilflos zappelt er neben vielen kleinen Fischen.

»Hilfe«, ruft er. »Hilf mir, Liva, bitte!«

Liva schwimmt schnell zum Netz. In einer Hand hält sie eine große Muschel. Mit der anderen zieht sie die Fäden des Netzes stramm. Flink schneidet sie mit der scharfen Kante der Muschel ein Loch ins Netz. Und kurz bevor es aus dem Wasser gezogen wird, kann Jonas durch das Loch ins Freie schwimmen.

Hinter ihm her purzeln alle gefangenen Fische. Gerettet!

Die Fische geben Liva tausend perlende Küsse auf die Wangen. Nur Jonas schwimmt bedrückt neben ihr her.

»Tut mir leid«, murmelt er. »Was ich gesagt habe, war blöd. Super, was du mit deinen Händen alles kannst! Rettest du öfter Fische aus Netzen?«

Liva nickt.

Jonas sieht sie kleinlaut an.

»Du bist wirklich nett, Liva. Heute Abend sage ich meinem Papa, was er für Unsinn erzählt hat!«

»Schon gut«, meint Liva. »Können wir jetzt spielen?«

»Aber klar«, ruft Jonas erleichtert. »Wir spielen Fangen, ja? Du bist!« Und schon flitzt er davon. Aber er flitzt etwas langsamer, damit Liva ihn auch fangen kann. Schließlich sind sie jetzt Freunde.

# Freund gesucht

von Hanna Jansen

Vielleicht denkst du, dass in der Welt der Märchen alles ganz anders ist. Aber das stimmt so nicht.

Wer sich ein wenig auskennt, weiß, dass es dort oft genauso zugeht wie überall.

Es gibt solche und solche Wesen: böse und gute, starke und schwache, glückliche und unglückliche, Freunde und Feinde ...

Und einsame Wesen, die niemanden haben, mit dem sie sich gut verstehen und den sie von Herzen lieb haben können, gibt es auch.

Von zwei solchen will ich erzählen.

Das eine war ein Zwerg, das andere ein Riese. Da, wo sie lebten, fand sich niemand, der zu ihnen passte, und so blieben sie lange Zeit allein.

Zu lange! Sie sehnten sich nach einem guten Freund. Und eines Tages hielten sie es nicht mehr aus.

»Ich will mir einen Freund suchen«, sagte der Riese.

»Ich muss unbedingt einen Freund finden«, sagte der Zwerg.

Nachdem das klar war, wollten beide ihr Vorhaben sogleich in die Tat umsetzen. Sie hatten jedoch keine Ahnung, wie und wo sie suchen sollten.

Ich werde durch das Land ziehen und so lange rufen, bis mich jemand hört, der mein Freund sein will, dachte der Zwerg.

Ich werde eine Nachricht schreiben und sie so lange aufhängen, bis sie jemand liest, der mein Freund sein will, nahm sich der Riese vor.

Gedacht, getan!

Der Zwerg zog rufend durch das Land. Er hielt sich einen Trichter vor den Mund, damit man seine Stimme besser hören konnte.

Der Riese hängte eine Nachricht auf. An einer großen Tafel, wo jeder, der etwas zu melden hatte, es tun konnte. »Feenstaub vom letzten Jahr im Sonderangebot«, »Schuhe: noch drei Restpaare

Modell Aschenputtel«, »Biete dritten Wunsch gegen einen Sack voll Zufriedenheit«, »Prinz entlaufen« und dergleichen mehr war dort zu lesen. Nun kam die Nachricht des Riesen noch hinzu. Sie nahm die ganze Tafel für sich ein. »Freund gesucht!«, stand da weithin zu lesen.

Der Riese hatte lange nachgegrübelt, wie er beschreiben sollte, wonach er sich so sehnte. Endlich waren ihm die beiden Worte eingefallen, die alles sagten, was ihm wichtig war.

Und der Zwerg hatte ganz genau denselben Einfall. Nur, dass er sofort daraufgekommen war. Wahrscheinlich, weil seine Gedanken nicht so lange Wege brauchten wie die des Riesen.

»Freund gesucht!« Diese beiden Worte rufend, zog er als sein eigener Bote durchs Land. Und näherte sich so allmählich auch der Anzeigentafel. Schon von Weitem las er dort die Nachricht des Riesen. Er hielt verwundert an. Wer hatte denn da seine Worte aufgeschrieben?

Dann entdeckte er den Riesen, der neben der Tafel stand und auf jemanden zu warten schien.

Nur weil der Zwerg noch weit genug weg war, konnte er den Riesen vollständig sehen. Wäre er näher dran gewesen, hätte er sicher nicht über dessen Fußspitze hinausschauen können.

Das wäre schade gewesen. Denn was er sah, gefiel ihm über alle Maßen. Dieses liebe Gesicht! Zwar unvorstellbar groß, aber mit sanften Augen. Darin leuchtete dieselbe Sehnsucht, die auch ihn, den Zwerg, durchs Land getrieben hatte. Kein Zweifel, da war einer, mit dem es sich weniger einsam leben ließ.

»Freund gesucht! Bist du es?«, rief der Zwerg, so laut er konnte, durch seinen Trichter.

Der Riese hörte den Ausruf. Und auch er wunderte sich. Wer rief denn da seine Nachricht durchs Land?

Dann entdeckte er den Zwerg mit dem Trichter vor dem Mund. Nur weil der Zwerg noch weit genug weg war, konnte der Riese ihn sehen. Wäre der Winzling näher dran gewesen, wäre er sicher hinter der Fußspitze des Riesen verborgen geblieben.

Das wäre schade gewesen. Denn was der Riese sah, gefiel über alle Maßen. Dieses liebe Gesicht! Zwar unvorstellbar klein, aber mit sanften Augen. Darin leuchtete dieselbe Sehnsucht, die auch ihn, den Riesen, dazu gebracht hatte, neben der Tafel zu warten.

Kein Zweifel, da war einer, mit dem es sich weniger einsam leben ließ.

»Freund sucht Freund! Ich bin es!«, flüsterte der Riese. Er bückte sich und hob den Zwerg zu sich empor.

Und der Zwerg fand unter dem Kragen des Riesen einen sicheren Platz. Nah genug am Ohr des Freundes, dass er auch ohne Trichter mit ihm reden konnte.

Und es begann ein aufregendes Leben zu zweit. Denn jeder von ihnen lernte durch den anderen etwas ganz Neues kennen.

Der Zwerg konnte nun auf der Schulter des Riesen in Sekundenschnelle eine Strecke zurücklegen, für die er mindestens einen Tag

Freund gesucht

gebraucht hätte. Und von dort konnte er weit über Bäume und Hügel hinwegblicken. Zum ersten Mal entdeckte er, wie unendlich groß die Welt ist.

Auch dem Riesen erging es jetzt besser als vorher. Denn sein kleiner Freund fing mit dem Trichter die lästigen Flöhe, die der Riese mit seinen Pranken niemals zu fassen bekam. Außerdem kannte sich der Zwerg mit Kräutern und Beeren aus, die tief am Boden wuchsen. Er braute so manchen heilenden, köstlichen Tropfen, den sich der Riese auf der Zungenspitze zergehen ließ. Und zum ersten Mal entdeckte der Riese, wie viele Schätze im Kleinen verborgen sind.

Aber ehrlich gesagt hatten sie es nicht immer leicht miteinander. Wenn einer so riesig ist und der andere so winzig, müssen sich beide erst an vieles gewöhnen. Wie du dir leicht denken kannst.

Doch wenn sie sich ab und zu einmal gar nicht mehr verstanden, dann setzte der Riese den Zwerg auf die Spitze seines Fingers und hielt ihn weit genug von sich weg, damit sie einander ansehen konnten.

»Bist du es?«, rief der Zwerg dann, so laut er nur konnte.

Und der Riese flüsterte: »Ich bin es.«

Und sie wussten wieder, warum sie zusammen waren. Denn damit war alles gesagt.

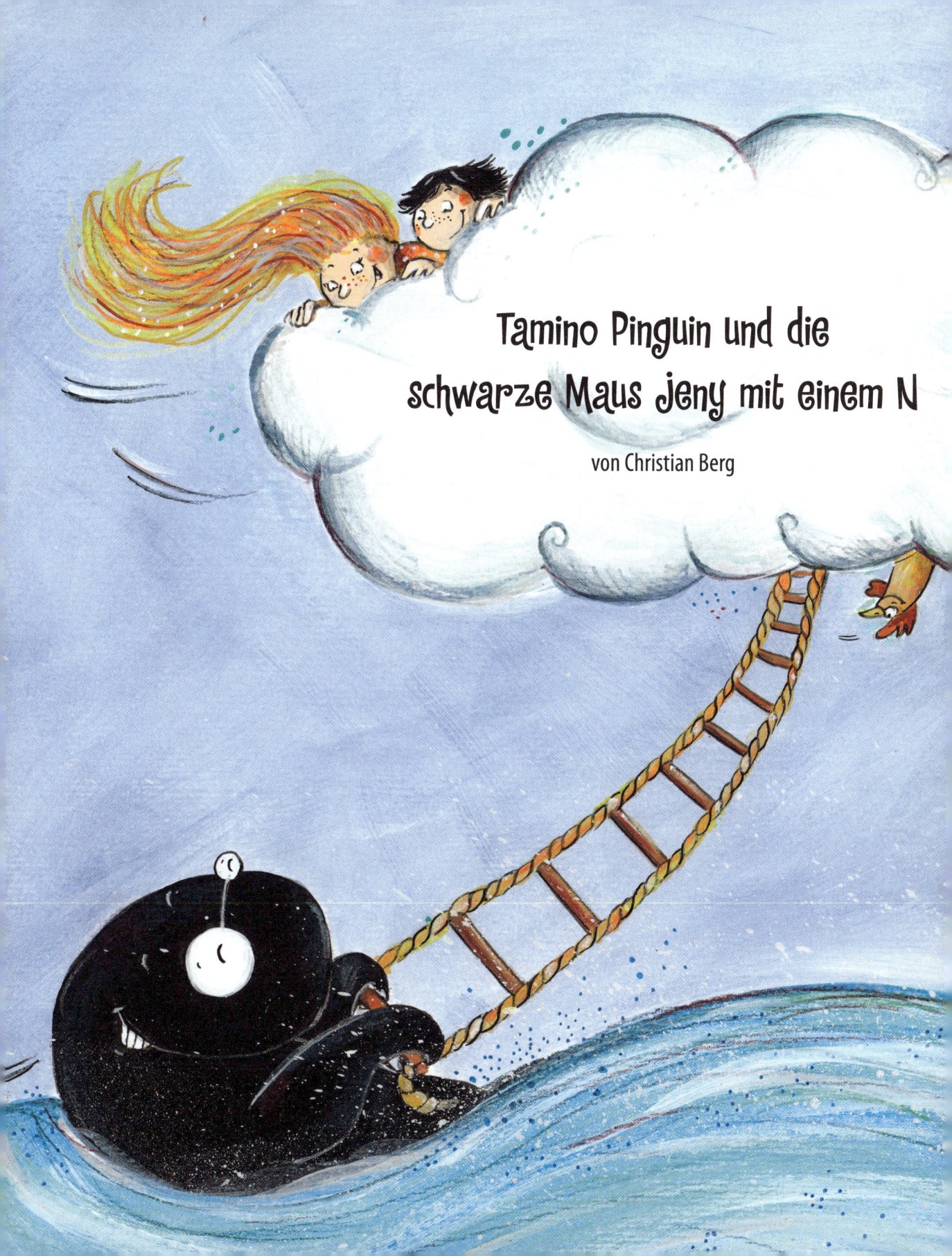

# Tamino Pinguin und die schwarze Maus Jeny mit einem N

von Christian Berg

Nachdem unsere Freunde einige Tage Richtung Prärie gewatschelt und gelaufen waren, in Feldern mit seltsamen Wollpflanzen geschlafen hatten und sogar mit einer donnernden, tutenden Schlange, in der normalerweise nur Großfüßler reisen, gefahren waren, kamen sie eines Morgens in einer Stadt namens Nashville an.

Die Stadt war längst nicht so groß wie New York, aber für gemeinsam reisende Pinguine, Riechtiere und Hunde bestimmt nicht weniger gefährlich.

Die drei suchten ein Versteck und fanden es unter einem großen Haus, das von oben bis unten voll war mit riesigen Tonnen, in denen Flüssigkeit gelagert wurde.

Billy Windsor Bassett fand eine leere Tonne, in der sie es sich gemütlich machten und erst mal lang und ausgedehnt schlafen konnten. Auf ihrer Reise war nicht viel Zeit dazu geblieben. Zu sehr hatten sie aufeinander aufpassen müssen.

Tamino wachte als Erster wieder auf, so hatte er viel Zeit, über das Erlebte nachzudenken. Er fragte sich, warum die Großfüßler so waren, wie sie waren, und konnte beim besten Willen nicht begreifen, wie man nachts auch nur ein Auge zutun konnte, wenn man mit anderen so umging, wie die beiden Hundefänger oder Misses Humbug es taten.

Er dachte an Mama und Papa Pinguin, die hoffentlich noch nicht wussten, dass Tamino vom GRSG weggelaufen war, und wünschte sich, sie spätestens Weihnachten wiederzusehen.

Auch an Atze dachte er, der bestimmt schon wieder so manchen Schneepinguin gebaut hatte, und natürlich an Nanuma, seine geliebte Nanuma, auf die er sich besonders freute, ganz egal was ihr Vater, der König der Kaiserpinguine, über ihn sagen würde. Denn schließlich konnte der doch froh sein, wenn seine Tochter einen Pinguin zum Freund hatte, der auch eine eigene Meinung hat.

Als Tamino so nachdachte und gerade von einem großen Haufen Makrelen träumte, hörte er plötzlich ein Piepsen.

Das Piepsen war erst ganz leise und fast gar nicht zu hören. Aber dann wurde es lauter und lauter und klang beinah wie ein piepsendes Weinen.

Tamino stand auf und beschloss, dem Piepsen auf den Grund zu gehen. Er krabbelte aus der Tonne und erblickte wenig später in einem Zwischenraum zwischen zwei Nachbartonnen ein kleines, zitterndes Mäuschen, das den Kopf voller geflochtener Zöpfe hatte und weinend dasaß.

»Warum weinst du denn?«, erkundigte sich Tamino.

»Weil ich neidisch bin«, weinte das Mäuschen. »Alle haben Freunde, nur mit mir will keine Maus was zu tun haben, weil ich schwarz bin und mir ...«

»Langsam, langsam«, unterbrach Tamino die Maus. »Ich bin auch schwarz-weiß und habe ganz viele Freunde.«

»Ja, weil alle Pinguine schwarz-weiß sind. Aber Mäuse sind eigentlich grau oder weiß, allerhöchstens mal braun, aber schwarz ganz selten. Es ist zum Mäusemelken. Alle Mäuse meiden mich deswegen, weil ich eine andere Fellfarbe habe. Schon in der Schule durften die Kinder nicht mit mir spielen, weil ich schwarz war.«

Das Mäuschen zitterte und weinte jetzt noch mehr, sodass Tamino fast gar nicht mehr wusste, was er tun sollte. Er streichelte das Mäuseköpfchen mit den vielen Zöpfen und flüsterte: »Aber, aber, nicht mehr weinen, jetzt bin ich ja da, wenn ich auch keine Maus bin, so finde ich deine Farbe sehr schön.«

»Ist das auch wahr, ehrlich wahr?«

»Großes südpolisches Pinguinehrenwort!«, schwor Tamino und erhob den rechten Flügel.

Langsam, aber sicher beruhigte sich die kleine Maus und schniefte nur noch hin und wieder durch die kleinen Mäusenasenlöcher.

»Mein Name ist Tamino Pinguin. Ich komme vom Südpol und bin auf der Suche nach den Indianern«, stellte sich Tamino vor und nahm dabei sogar seine rote Mütze vom Kopf.

»Und ich bin Jeny, die Maus, der ein N fehlt, weil meine Eltern nicht wussten, dass Jenny mit zwei N geschrieben wird. Wenn die Leute mir nicht gerade aus dem Weg gehen, weil ich schwarz bin, dann lachen sie über mein fehlendes N«, piepste Jeny und begann wieder zu schluchzen.

Tamino überlegte sich, wie er Jeny wohl trösten könnte. Nicht einfach nur so, damit sie mit dem Weinen aufhörte, sondern richtig, sodass es ihr auch etwas bringen würde.

»Weißt du, Jeny, ich würde mich an deiner Stelle als etwas ganz Besonderes sehen. Deine Farbe und dein Name sind doch einmalig, also mach etwas draus. All die anderen Mäuse sind weiß, grau oder braun, nur du bist schwarz. Wo steht geschrieben, dass du deshalb weniger wert bist als die anderen? Viele Tiere heißen Jenny mit zwei N, aber du heißt eben Jeny mit nur einem N, nur du, und das ist doch das Schöne.«

»Glaubst du wirklich, Tamino?«, fragte das Mäuschen zaghaft.

»Natürlich glaube ich das. Und wenn wir Tiere damit anfangen, können die Großfüßler vielleicht von uns lernen«, erklärte Tamino.

»Und meinst du, ich könnte auch eine Sängerin werden, obwohl ich nur eine Maus bin?«

»Natürlich kannst du das. Du musst nur ganz fest an dich glauben, dann wirst du dein Ziel irgendwann erreichen, kleine Jeny.«

Tamino bemerkte, dass Jeny langsam Hoffnung schöpfte und längst nicht mehr so traurig war wie am Anfang ihrer Begegnung. Sogar ein kleines Lächeln huschte kurz über ihr Gesicht, das aber sogleich wieder zu einem Schmollen wurde.

»Noch was?«, fragte Tamino vorsorglich.

Jeny nickte und winkte Tamino mit ihrem Pfötchen ganz nah zu sich heran. »Heute Abend gibt es hier in Nashville einen Sängerwettstreit der Tiere. Dort würde ich gerne singen, denn der Sieger darf nach New Orleans. Das ist eine Stadt, die von oben bis unten voll ist mit Musik und in der es sogar ein Mäusekonzerthaus gibt, in dem fast nur schwarze Mäuse singen und wo Leute extra hinkommen, um sie zu sehen.«

»Dann wirst du heute Abend an dem Sängerwettstreit teilnehmen und versuchen zu gewinnen«, bekräftigte Tamino die kleine Jeny.

»Aber die übersehen mich immer alle, weil ich so klein bin.«

»Heute Abend, kleine Jeny, wirst du die große Jeny sein. Ich habe da eine Idee. Komm mit, wir wecken meine Freunde Billy Windsor Bassett und Jeremias das Riechtier.«

Nachdem Tamino seine beiden Freunde geweckt und mit Jeny bekannt gemacht hatte, stellte er allen seinen Plan vor, den auch alle ganz klasse fanden.

Am Abend machte sich das seltsame Quartett auf den Weg in die Stadt, immer ganz vorsichtig, um nicht von Großfüßlern entdeckt zu werden.

Auch Nashville war voll mit Musik. An jeder Ecke standen Groß-füßler mit seltsamen Hüten, komischen hohen Schuhen und Ping-tarren vor dem Bauch. Sie sangen davon, wie schön Amerika war und wie viel Freiheit es hier gab.

Der Sängerwettstreit fand in einem großen Kuhstall statt, der völlig überfüllt war mit den verschiedensten Tieren. Die Bühne war aus großen Würfeln aus getrocknetem Gras gebaut und Tausende von Glühwürmchen waren für die Beleuchtung zuständig. Vor der Bühne saßen die Musiker: eine Kuh mit einer Geige, ein Huhn mit einem gerillten Brett, ein Esel an den Trommeln und ein Hund mit einer runden Pingtarre um den Bauch.

Die Musiker spielten einen Tusch und ein großer, brauner Hahn begrüßte das Publikum: »Herzlich willkommen, liebe Freunde, zum großen Sängerwettstreit von Nashville. Möge der Beste ge-winnen!«

Und schon ging es los. Als Erstes sang ein Biber namens Dan Tist ein Lied über rauschende Gebirgsbäche und bekam dafür vom Publikum eine Menge Applaus. Dann kam ein Waschbär, der Hill-billy hieß und von seinem herrlichen Leben in den Bergen sang, eine Kuh namens Winifred erzählte musikalisch von ihrer kleinen Farm, und ein Truthahn beklagte sich in seinem Song bitter dar-über, dass am Erntedankfest alles vorbei sei. Außerdem krächzte dann noch ein Rabe namens Ferdinand und eine Katze miaute ein Lied über Hunde.

Dann war Jeny an der Reihe. Schon als der Hahn sie ankündigte und von einer schwarzen Maus, die Jeny mit nur einem N hieß, erzählte, johlte und lachte der Saal, dass es kaum noch auszuhalten war.

Plötzlich, von einer Pingkunde zur anderen, verstummten jedoch alle, als sie Jeny erblickten und vor allem hörten.

Sie stand nämlich auf Taminos Kopf, mitten auf der roten Mütze, der stand auf Jeremias' Rücken und Jeremias wiederum auf dem von Billy Windsor Bassett.

Sie sang so zauberhaft, mit einer tiefen, warmen Stimme, dass die Hühner eine Gänsehaut bekamen.

Im Chor sangen Tamino, Jeremias und Billy so schön »schubidu«, wie es in Bremen die Stadtmusikanten nicht schöner hätten tun können.

Nachdem Jeny ihr Lied beendet hatte und sie sich von Taminos Mütze hinunter tief vor den Zuschauern verneigte, passierte nichts. Es herrschte Stille im Stall, Stille, die so laut war, dass man sich am liebsten die Ohren zugehalten hätte.

Plötzlich erhob sich eine Schaf-Dame und begann zu klatschen, kurz darauf eine Kuh, die es ihr gleichtat, und wenig später fielen alle versammelten Tiere in den Applaus ein. Sie blökten, bellten, miauten, pfiffen, krähten, sangen, krächzten und pfiffen, was das Zeug hielt.

Kein Zweifel, Jeny, die kleine schwarze Maus, der ein N fehlte, hatte gewonnen. Überglücklich verneigte sie sich immer wieder.

Der Hahn bedeutete dem Publikum mit seinen Flügeln, dass er etwas sagen wolle, und nach und nach kehrte wieder Stille ein. »Somit erkläre ich die Maus Jeny zur Siegerin des heutigen Abends.

Sie darf nach New Orleans und dort singen!« Wieder klatschten die Tiere und freuten sich mit Jeny über ihren Erfolg.

»Ich danke dir, Tamino Pinguin, denn ohne dich hätte ich es nie geschafft«, sagte Jeny und verdrückte ein paar Mäusetränen.

»Oh doch, liebste Jeny, das hättest du. Ich habe dir nur gezeigt, dass du es schaffen kannst. Aber jetzt musst du dich beeilen, denn dein Pferd nach New Orleans wartet schon draußen und wir müssen auch weiter.«

»Wohin wollen denn die Gentlemen, wenn ich mal so fragen darf?«, mischte sich plötzlich der Rabe, welcher mehr gekrächzt als gesungen hatte, in das Gespräch ein. »Gestatten, Ferdinand Krähenfuß.«

»Mein Name ist Tamino Pinguin und das sind meine Freunde Billy Windsor Bassett, Jeremias das Riechtier und natürlich Jeny die Maus. Jeny reist nach New Orleans und wir drei wollen weiter, die Indianer suchen. Denn das ist der eigentliche Grund meiner Reise und meine beiden Freunde hier begleiten mich.«

»Das trifft sich gut, denn ich wollte sowieso gerade nach Hollywood«, grinste der Rabe über den ganzen Schnabel.

»Nach Hollywood?«, fragte Tamino.

»Ja, natürlich, nach Hollywood. Dort drehen nicht nur die Großfüßler, sondern auch die Tiere Filme, natürlich auch über Indianer.«

»Meinen Sie denn, dass ich dort Indianer treffen könnte?«, wollte Tamino wissen.

»Klar, da wimmelt es nur so von Indianern. Zwei von euch kann ich gerne mitnehmen«, bot der Rabe an.

»Wir sind aber zu dritt«, warf Billy mit Blick auf Jeremias ein

und machte ein ganz nettes Gesicht, um Ferdinand vielleicht zu erweichen, vier Leute mitzunehmen.

»Zu zweit«, warf Jeremias ein, »denn wenn Jeny nichts dagegen hat, dann begleite ich sie nach New Orleans. Ich danke euch, Freunde, dass ich ein Stück des Weges mit euch reisen durfte.«

Natürlich hatte Jeny nichts dagegen, von einem so netten Riechtier begleitet zu werden, und freute sich, nicht mehr allein zu sein.

»Aber wie sollen wir drei denn zusammen reisen?«, wollte Tamino von Ferdinand Krähenfuß wissen. »Auf Ihrem Rücken ist doch gar kein Platz.«

»Aber in dem Eimer dort«, erwiderte Ferdinand und deutete mit seinem rechten Flügel auf einen großen Eimer. »Ihr setzt euch hinein und ich nehme den Henkel in meine Krähenfüße, und dann fliegen wir direkt nach Hollywood.«

Tamino und Billy verabschiedeten sich von Jeremias und Jeny, die danach ihr Pferd nach New Orleans bestiegen und davonritten.

Dann setzten sie sich in den Holzeimer und wurden kurz darauf von Ferdinand Krähenfuß in die Lüfte getragen.

Tamino war froh, dass Billy ihn immer noch begleitete, denn es macht schon eine Menge aus, wenn man all die Abenteuer nicht alleine bestehen muss.

# Kuno und Sylvester

von Dagmar Geisler

In der Nacht ist auf Schloss Knisterstein immer einiges los. Die ganze Gespensterfamilie ist damit beschäftigt, in den Räumen und Gemächern des alten Gemäuers herumzuspuken.

Großvater Kalli-Leo steht meistens auf seiner Turmspitze und guckt in die Sterne. Großtante Anastasia sitzt im roten Salon auf einem alten Sofa und denkt an den schönen Ritter Sigismund, den sie damals, vor fast vierhundert Jahren, beinahe geheiratet hätte. In der Schlossküche klappert derweil Alfred der Tattrige mit seinen Topfdeckeln. Die Burgfräulein Mizzi und Lizzi spielen Geisterschach in der Bibliothek, während der romantische Leopold, vor dem Fenster schwebend, schaurig schöne Liebeslieder zur Laute singt. Und durch die Gänge des Schlosses schlurft Wenzeslaus der Schreckliche, zieht seine Eisenkugel scheppernd hinter sich her und singt: »Jetzt kommen die lustigen Tage ...!«

Alle haben sie zu tun, nur Kuno langweilt sich. Es ist einfach blöd, das einzige Kind unter lauter Erwachsenen zu sein. Klar, manchmal spielt er mit Großtante Anastasia »Geist ärgere dich nicht«. Manchmal lässt er sich von Großvater Kalli-Leo erklären, wie der Mond sich um die Erde dreht, oder er hilft dem tattrigen Alfred, in der Schlossküche ordentlich herumzulärmen. Aber oft heißt es: »Jetzt nicht, Kuno!« Und das Wendeltreppengeländer rutscht auch keiner mit ihm herunter. Alleine macht das wirklich nur den halben Spaß.

»Ich wünschte, ich hätte einen Freund«, seufzt Kuno.

Aber kleine Gespenster wachsen nicht auf Bäumen und Schloss Knisterstein steht schon seit Hunderten von Jahren auf seinem Felsen, ohne dass jemals irgendein Kind vorbeigekommen wäre. Schon gar nicht in der Nacht, wenn die Gespenster wach sind.

»Was ist bloß mit Kuno los?«, fragt Großtante Anastasia eines Abends. »In letzter Zeit hat er immer schlechte Laune. Auch das

»Geist ärgere dich nicht«-Spielen macht keinen Spaß mehr, weil Kuno sich ja schon vorher ärgert.«

»Stimmt! In meiner Küche ist er auch schon lange nicht mehr gewesen«, klagt der tattrige Alfred.

Nur der romantische Leopold ist mit Kunos Verhalten außerordentlich zufrieden, weil jetzt endlich keiner mehr über seine wunderbar romantischen Liebeslieder lacht. Währenddessen sitzt der schlecht gelaunte Kuno auf der Zinne, spuckt ein paarmal trübsinnig in den Schlossgraben und guckt ein paar Fledermäusen zu, die vor der silbernen Scheibe des Mondes herumflattern.

»Komisch«, denkt er, »Fledermäuse habe ich hier eigentlich noch nie gesehen.«

Kaum hat er das gedacht, da fliegt plötzlich eine der Fledermäuse direkt auf ihn zu. Ziemlich groß scheint die zu sein. Kuno geht in Deckung. Immer näher kommt die Fledermaus und landet schließlich auf der Burgmauer.

»Ich hab's echt satt!«, grummelt sie.

Nanu, eine Fledermaus, die sprechen kann? Vorsichtig linst Kuno aus seinem Versteck. Da sitzt auf der Burgmauer ein ziemlich mies gelaunter kleiner Vampir mit struppigem schwarzem Haar. Neugierig geht Kuno näher heran.

»Na, du Bettlaken«, mault der Vampir. »Wo kommst du denn her?«

»Das müsste eigentlich ich dich fragen!«, antwortet Kuno beleidigt. »Lass deine schlechte Laune nicht an mir aus.«

»Hast ja recht«, seufzt der Vampir. »Aber sei du mal das einzige Kind bei einer Horde Erwachsener. Früher hat wenigstens meine Schwester ab und zu mit mir gespielt, aber seit sie sich in den spitznasigen Roman verknallt hat, ist alles noch schlimmer geworden. Ich heiße übrigens Sylvester.«

182

»Kuno!«, sagt Kuno.

»Heute Abend war es besonders arg. Ich war gerade dabei, mir eine Sarg-Seifenkiste zu bauen, da musste ich unbedingt mit spazieren fliegen.« Sylvester schnaubt. »Bei dem schönen Wetter fliegt ein anständiger Vampir aus!«, äfft er seine große Schwester nach. »Als wir dann unterwegs waren, haben sie sich wieder nur über langweiligen Erwachsenenkram unterhalten. Ich bin mal gespannt, ob die überhaupt merken, dass ich weg bin.«

»Du bist einfach abgehauen?«, staunt Kuno. »Cool!«

»Na ja«, flüstert Sylvester unsicher, »ich hoffe, meine Leute kommen auf dem Rückweg wieder hier vorbei. Den Weg nach Hause finde ich alleine bestimmt nicht.«

»Bis dahin
könnten wir doch
was spielen?«, fragt
Kuno schüchtern. »Ich bin
nämlich auch das einzige Kind hier, musst
du wissen.«

»Gute Idee!«, strahlt Sylvester. »Aber vielleicht kannst du mir erst mal das Schloss zeigen?«

Sylvester findet alles spannend, was für Kuno längst langweilig geworden ist. Er schaukelt am Kronleuchter, er rutscht mit Kuno das Wendeltreppengeländer herunter, und zwar mit Karacho. Er lacht sich kaputt, als er Leopolds »romantisches« Lied hört:

Ach, du meine Rose,
mein Herz rutscht in die Hose,
wenn du mich nicht liebst.

Ich knacke Haselnüsse
und warte auf die Küsse,
die du mir nicht gibst ...

Mit Sylvester zusammen macht auch Kuno das alles wieder riesigen Spaß. Sie lärmen in der Küche mit den Töpfen. Sylvester quietscht vor Vergnügen. Da, wo er herkommt, darf man nämlich überhaupt keinen Krach machen.

Sylvester schleicht sich von hinten an Großtante Anastasia an und gibt ihr einen feuchten Kuss auf die Gespensterbacke.

»Sigismund!«, haucht sie.

Kichernd flitzen die beiden um die Ecke. Sie wollen Großvater Kalli-Leo auf seiner Turmspitze besuchen. Unterwegs treffen sie noch Wenzeslaus den Schrecklichen mit seiner Eisenkugel.

»Jetzt kommen die lustigen Tage!«, schreit Kuno ihm fröhlich entgegen.

»Meine Rede, meine Rede«, grummelt Wenzeslaus.

Als sie die Turmtreppe hinaufschweben, hören sie auf einmal Stimmen. Führt Großvater Kalli-Leo mal wieder Selbstgespräche? Kuno steckt als Erster seinen Kopf durch die Luke im Dach.

»Da sitzt ein alter Mann mit schwarzem Zylinder neben meinem Opa«, flüstert er.

»Hat er einen lila Umhang um?«, fragt Sylvester.

»Ja, woher weißt du das?«

»Dann ist es mein Opa!«, seufzt Sylvester und weiß nicht so recht, ob er sich darüber freuen soll oder nicht.

»Natürlich ist es nicht einfach für den Kleinen, als einziges Kind«, hören sie den alten Vampir gerade sagen.

»Unserem Kuno geht es genauso«, erwidert Kalli-Leo, »er bräuchte dringend einen Freund.«

»Genau!«, brüllen die beiden in der Luke. »Und deshalb wollen wir auch zusammenbleiben!«

Hand in Hand hopsen sie auf das Dach.

»Da ist ja der Ausreißer! Einen ganz schönen Schrecken hast du uns eingejagt«, sagt Großvater Vampir streng. Aber dann nimmt er Sylvester glücklich in die Arme. Zusammenbleiben können Kuno und Sylvester natürlich nicht. Gespenster und Vampire haben einfach viel zu unterschiedliche Gewohnheiten. Aber wenn die Vampirfamilie wieder ihren Spazierflug macht, setzen sie Sylvester oft im Schloss ab. In solchen Nächten wird auf Knisterstein besonders fröhlich gespukt. Da wird gejuchzt und gekichert, dass sich die Balken biegen. Der Einzige, der sich dabei nicht königlich amüsiert, ist der romantische Leopold. Aber da kann man nichts machen.

# Sanni hört nicht richtig

von Christine Merz

Das Haus, neben dem Silke und Tina wohnen, steht schon über ein halbes Jahr leer. Heute endlich hält ein großer Möbelwagen, und zwei Männer tragen viele große Kisten und Möbel hinein.

»Wer da wohl einzieht?« Silke und Tina sehen zum Fenster hinaus, aber sie sehen niemanden außer den beiden Männern.

Ein paar Tage später kommt ein kleines gelbes Auto und – ja, das muss die Familie sein, die nebenan wohnen wird.

»Ist auch ein Kind dabei?«, fragt Tina Silke, denn die versperrt ihr die ganze Sicht.

»Ja«, sagt Silke, »ein Mädchen.«

»Sollen wir gleich rausgehen und fragen, ob sie mit uns spielt?«

»Nee!« Silke schüttelt den Kopf. »Die sind schon drinnen – sicher müssen sie auspacken.«

Viele Tage vergehen und immer sehen Tina und Silke aus dem Fenster zu den neuen Nachbarn. Aber das kleine Mädchen ist nie zu sehen.

»Doof«, schimpft Silke, »wohnt da und kommt nie raus – dabei haben wir schönes Wetter.«

An einem sonnigen Mittag sehen sie das kleine Mädchen von nebenan hinten im Garten spielen.

»Komm, wir rufen sie«, sagt Silke zu Tina und die beiden gehen an den Gartenzaun und rufen: »Du!«, »Hallo du!«, »Hey – spielst du mit uns?«

Die Kleine rührt sich nicht. Sie sieht sich nicht mal um.

Enttäuscht gehen Tina und Silke wieder weg.

»Zimtzicke«, sagt Tina, »hätte ja wenigstens was sagen können.«

Daheim erzählen sie der Mama, was für eine doofe Nachbarin neben ihnen wohnt und dass sie nicht mal den Kopf rumdreht, wenn man sie anspricht.

Mama versteht, dass die beiden Mädchen enttäuscht sind. »Wir

könnten ja mal einen kleinen Begrüßungsbesuch machen«, sagt sie, »und mit den Leuten reden – wisst ihr, wir gehen einfach hin und klingeln und sagen, dass wir hoffen, dass sie sich hier wohlfühlen und gerne wohnen. Ihr könntet hinten am Hang einen kleinen Blumenstrauß pflücken – sollen wir?«

»Au ja.« Die beiden Mädchen rennen los und kommen bald darauf mit einem bunten Strauß Sommerblumen wieder zurück.

Mama fährt sich schnell durch die Haare und nimmt ein bisschen Lippenstift, und dann marschieren sie zum Haus Nummer 8 nebenan. Sie klingeln. Es dauert eine kleine Weile, dann öffnet die schmale junge Frau, die Silke und Tina schon vom Fenster aus gesehen haben. Sie sieht ganz erstaunt aus, als Mama sagt: »Guten Tag, wir wollten Ihnen einmal zeigen, wer neben Ihnen wohnt und hoffen, dass wir gute Nachbarn werden – das sind meine Töchter Silke und Tina!«

»Das ist aber nett – wollen Sie nicht reinkommen? Ich kann ja mal Sanni holen!«

Als sie im Wohnzimmer stehen, merkt Silke, dass sie ja noch immer die Blumen in der Hand hat.

Da geht die Tür auf, und das kleine Mädchen steht da. Die Frau sagt: »Das ist Sanni – sie ist fünf Jahre alt und sie kann nicht hören. Oder jedenfalls nicht sehr gut. Deshalb sind wir auch hierher gezogen. Hier gibt es eine Schule, die Sanni einmal besuchen und wo sie die Gebärdensprache erlernen kann.«

Tina sieht Silke an, und Silke starrt die kleine Sanni an. Ach so – deshalb hat sie sich nicht rumgedreht, als sie sie am Gartenzaun gerufen haben ...

Sannis Mutter beugt sich zu Sanni hinunter und spricht ganz langsam und deutlich auf sie ein, dabei unterstreicht sie mit den Händen, was sie sagt.

»Ein bisschen liest sie von den Lippen ab – und noch kann sie ja auch ein wenig hören.« Sanni lächelt jetzt die beiden Kinder vorsichtig an.

Silke fallen die Blumen ein, die sie in der Hand hält – immer noch –, und da geht sie spontan auf Sanni zu und gibt sie ihr: »Für dich«, sagt sie laut.

Sanni lacht und rennt mit dem Blumenstrauß hinaus. Als sie wiederkommt, hat sie eine viel zu große Blumenvase in der Hand. Die beiden Mütter unterhalten sich.

Silke und Tina gehen mit zu Sanni in ihr Zimmer. Dort spielen sie Memory.

»Da braucht sie die Ohren nicht«, sagt Silke zu Tina.

# Das Geheimnis der Herzfee

von Jeanette Randerath

Prinzessin Nelli hatte sich in ihr Zimmer eingeschlossen, ihre Tür verbarrikadiert, die Vorhänge zugezogen und den Spiegel verhängt. Sie hatte eine Decke über sich geworfen und sich unsichtbar gemacht. Nelli schämte sich sehr. Sie hatte ihre beste Freundin angelogen.

»Lass mich in Ruh!«, rief sie, als ihr Bruder an die Tür klopfte. Wie gerne hätte sie ihn hereingelassen. Aber auch er würde sie nicht mehr mögen, wenn er wüsste, was sie getan hatte.

Als Nelli so traurig war, dass es trauriger gar nicht mehr ging, und ihr das Herz davon wehtat, sah sie durch ihre Decke plötzlich ein kleines Licht hin und her schwenken.

Vorsichtig hob sie einen Zipfel ihrer Decke und linste darunter hervor.

Ein Zwerg!

Lächelnd stand er vor ihr und sagte: »Die Herzfee möchte dir ein Geheimnis verraten. Komm mit.«

»Wie hast du denn hierher gefunden?«, fragte Nelli.

»Ich bin durch den obergeheimen Geheimgang gekommen und durch den gehen wir zwei jetzt auch wieder hinaus.«

Wie froh war Nelli, dass sie nicht mehr alleine unter der Decke sitzen musste.

Zusammen betraten sie einen dunklen Gang.

Alleine hätte sich Nelli hier nie hineingetraut. Aber der Zwerg ging mit forschen Schritten voran und schwenkte sein Licht, als wäre es das Selbstverständlichste der Welt, durch obergeheime Geheimgänge zu wandeln. Endlich erreichten sie den Ausgang.

Vor ihnen lag ein dunkler Wald, der Nelli vorher nie aufgefallen war.

»Ab hier musst du alleine gehen, Prinzessin. Doch ich bin sicher, du wirst den Weg finden.«

»Zwerg!«, rief Nelli ängstlich. »Warte!«

Aber der war schon davongetrabt. »Nur Mut!«, hörte sie ihn noch aus der Ferne rufen.

Da – ein Rascheln!

Nelli zuckte erschrocken zusammen.

Aus dem Gebüsch trat ein Fuchs. Er schaute sie mit klugen Augen an, dann lief er auf sanften Pfoten in den Wald.

Nelli folgte ihm.

Plötzlich hob der Fuchs die Nase und schnupperte. Dann war er auch schon wieder verschwunden. Was konnte das bedeuten?

Nelli machte es wie der Fuchs und hielt die Nase in die Luft. Ein feiner süßer Duft wehte heran. Nelli ging ihm nach und erreichte einen alten, blühenden Baum. Sie legte die Arme um den Stamm und atmete tief durch.

Glühwürmchen tanzten um sie herum und flogen dann noch tiefer in den Wald hinein.

Nelli lief hinter ihnen her, bis sie vor einem Felsen stand, in dem eine kleine Tür aus Holz eingelassen war. »Herzkammer« stand auf der Tür geschrieben.

War da nicht ein leises Wimmern zu hören?

Das Herz klopfte Nelli bis zum Hals. Am liebsten wäre sie davongelaufen. Aber vielleicht war da jemand hinter der Tür, der ihre Hilfe brauchte.

Vorsichtig schob sie den Riegel zurück und drückte die Tür auf.

Die Glühwürmchen flogen in den dunklen Raum hinein und blieben in der hintersten Ecke auf einem Stein sitzen.

»Hallo?«, hörte sie ein Stimmchen sagen. »Ist da jemand?«

»Ja, ich bin's, Prinzessin Nelli.« Vorsichtig trat Nelli näher.

Tränen kullerten an dem Stein hinunter. Nelli beugte sich zu ihm. »Was ist mit dir?«

»Ich bin so traurig«, wisperte der Stein und Prinzessin Nelli war erstaunt, dass ein Stein mit so einem feinen Stimmchen sprach.

»Kann ich dir helfen?«

»Mir ist so schrecklich kalt!«, flüsterte der Stein.

Prinzessin Nelli sah sich in der dunklen Kammer um und entdeckte ein Fenster. Sie öffnete die Läden. Warmes Sonnenlicht strömte herein. Vor ihr lag eine bunte, duftende Blumenwiese mit einem blau funkelnden See. »Willst du, dass ich dich mit nach draußen nehme?«, fragte Nelli.

»Ja, das will ich«, schluchzte der Stein.

Entschlossen nahm Nelli den Stein unter den Arm und kletterte durchs Fenster.

»Vielen Dank für das Licht«, rief sie den Glühwürmchen über die Schulter zu.

Prinzessin Nelli setzte sich mit dem Stein auf einen Baumstamm. Sie streichelte ihn. Der Stein seufzte wohlig und erwärmte sich langsam.

»Jetzt möchte ich schwimmen gehen«, sagte der Stein nach einer Weile. Seine Stimme klang schon viel kräftiger. »Wirf mich ins Wasser!«

»Wirklich?«, fragte Nelli.

»Ja, bitte«, sagte der Stein.

Mit einem großen Schwung warf Prinzessin Nelli den Stein in den See. Der sank in die Tiefe, bis auf den Grund. Da sah Nelli, wie sich etwas vom Boden abstieß und mit kräftigen Zügen ans andere Ufer schwamm.

Aus dem Wasser sprang ein Mädchen. Sie hatte eine lustige Stupsnase und strahlte über das ganze Gesicht.

»Spielst du fangen mit mir?«, fragte das Mädchen und seine Augen funkelten vor Freude.

Nelli nickte verwundert.

»Zähl bis drei«, sagte das Mädchen und rannte los.

»Eins, zwei, drei«, zählte Nelli.

»Fang mich«, rief die andere.

Nelli lief lachend hinter ihr her.

Sie rannten und hüpften in wilder Jagd um den See herum, sprangen über den Baumstamm und kletterten durch ein Felsloch.

Als das Mädchen den Berg hochlief, erwischte Nelli sie am Bein.

Kichernd kugelten sie zusammen die Wiese hinunter.

Als sie unten ankamen, waren sie nur noch eine.

»Da bist du ja, Prinzessin Nelli.« Vor ihr saß ein wunderschönes Wesen.

Nelli spürte sofort, das musste die Herzfee sein. Sie fühlte sich wunderbar aufgehoben. »Bist du die Herzfee?«, fragte sie.

»Ja, die bin ich.«

Nelli atmete auf. »Ich glaube, jetzt kann ich es schaffen«, sagte sie.

»Was kannst du schaffen?«, fragte die Herzfee liebevoll.

»Mich bei meiner Freundin entschuldigen«, erklärte Nelli. »Es ist schlimm, dass ich sie angelogen habe, aber nicht so schlimm, dass ich es nicht wiedergutmachen könnte.«

Die Herzfee nickte und lächelte.

»Der Zwerg hat gesagt, du wolltest mir ein Geheimnis verraten?«, sagte Nelli.

»Das Geheimnis hast du gerade selber herausgefunden«, sagte die Herzfee. »Und das hast du gut gemacht!«

»Danke«, sagte Nelli. Sie legte die Hand auf ihr Herz. Es tat gar nicht mehr weh und fühlte sich warm und leicht an.

»Und wenn du mich wieder einmal brauchst, dann ruf mich«, sagte die Herzfee. »Ich bin immer bei dir.«

Die Herzfee umarmte Nelli zum Abschied und berührte sie dann ganz leicht mit ihrem Zauberstab. Im nächsten Augenblick stand Nelli wieder in ihrem Zimmer. Sie zog die Vorhänge zur Seite, schloss die Tür auf und zog das Tuch vom Spiegel weg. Ihre Augen funkelten vor Freude wie die von dem Mädchen am See. Sie zwinkerte ihrem Spiegelbild zu.

»Kommst du jetzt mit schwimmen?«, hörte sie ihren Bruder durch die Türe rufen. »Gleich«, rief Nelli. »Ich muss vorher nur noch etwas wiedergutmachen.«

# Leonardo

von Edith Schreiber-Wicke

Der Hase Leonardo war ohne Zweifel ein wenig anders.

Leonardo war Erfinder.

Und Erfinder sind immer ein wenig anders. Sie sehen die Welt nicht, wie sie ist, sondern wie sie sein könnte. Den Unterschied erfinden sie dann. Wer anders ist als die anderen, ist meistens ein bisschen allein.

Ein bisschen sehr allein.

Wie Leonardo.

Leonardo blickte ins Land. Es war eine Landschaft mit Hügeln und Zypressen. So schön, dass man nichts dazuerfinden musste. Leonardo hätte gern zu jemandem gesagt: »Schau, wie schön.« Aber da war niemand.

Man braucht Freunde, dachte Leonardo. Ohne Freunde ist ein Hase ein armer Hund. Sozusagen. Was wirklich zuallererst erfunden werden müsste, ist ein Freundesuchgerät. Und er begann zu überlegen, wie es funktionieren könnte, dieses Gerät.

Er war gerade dabei, eine allererste Idee zu haben, als er sah, wie sein Nachbar eine Karotte aus der Erde zog.

Er hielt sie in der Pfote und betrachtete sie tieftraurig. »In Erde steckt, nach Erde schmeckt doch alles!«, sagte er seufzend.

Dem Hasen kann geholfen werden, dachte Leonardo.

Und er erfand seine berühmte Karottenwaschmaschine.

Zurück zum Freundesuchgerät, dachte Leonardo.

Er beschloss einen Spaziergang zu machen. Manches geht leichter, wenn man geht. Auch das Erfinden.

»Eine Nachbestellung?«, rief da eine empörte Stimme. »100 Stück? Absolut unmöglich!« Es war einer der wenigen Osterhasen, der in Leonardos Gegend noch diesem traditionsreichen Beruf nachging.

Er saß da, mit dem Pinsel in der Pfote, die vor Anstrengung zitterte. »Ich wollte, ich wär Weihnachtshase geworden«, stöhnte er. Ein Berg von eierschalenfarbenen Eiern wartete noch auf Bemalung.

Dem Hasen kann geholfen werden, dachte Leonardo.

Und er erfand seine berühmte Ostereierbemalmaschine.

Jetzt aber, dachte Leonardo. Als Nächstes erfinde ich das Freundesuchgerät. Ostern kommt immer näher. Und zu Ostern ist kein Hase gern allein.

Er hatte wohl die letzten Worte laut vor sich hin gesagt. Denn eine grimmige Stimme wiederholte: »Allein! – Du sagst es! Allein ist man, jawohl! Dann, wenn man Hilfe am nötigsten hat.« Ein Hasenpaar saß vor seinem Bau. Genauer gesagt: vor dem, was von dem Bau noch übrig war. »Der Fuchs«, erklärten sie Leonardo. »Wir haben mit knapper Not überlebt. Es gibt keinen Bau, der einem hungrigen Fuchs standhält.«

Gibt es doch, dachte Leonardo. Den beiden kann geholfen werden.

Und er erfand seinen berühmten Festungshasenbau mit FAM. Was nichts anderes ist als die Abkürzung für Fuchs-Abwehr-Mechanik.

So, dachte Leonardo, jetzt lenkt mich aber wirklich nichts und niemand mehr ab. Als Nächstes wird das Freundesuchgerät erfunden und damit basta. Er hatte da so eine ungefähre Idee …

Ein Schuss schreckte Leonardo aus seinen Gedanken. Er ging in Deckung. Denn eins war ihm klar: Auch Erfinder werden erschossen. Jäger kennen da gar nichts. In dem dichten Blattwerk, wo Leonardo Zuflucht suchte, saß schon jemand.

»Wie soll ich bloß zu meiner Familie zurück?«, fragte der andere mutlos. »Der Weg führt direkt durchs Jagdrevier. Ich komme niemals lebend bei den Meinen an!«

Das ist entschieden ein vorrangiges Problem, dachte Leonardo. Und er erfand seine weithin berühmte Jägerverwirrmaschine.

Morgen ist Ostersonntag, dachte Leonardo. Keine Chance, bis morgen noch das Freundesuchgerät zu erfinden. Vielleicht gelingt es mir ja überhaupt nie. Eins ist jedenfalls klar wie Eierfärbebrühe: Ich werde zu Ostern hasenseelenallein sein.

Dann ging die Ostersonne rotgolden über den Hügeln auf.

Leonardo war, wie alle Erfinder, ein Frühaufsteher.

Aber an diesem Morgen waren andere noch früher aufgestanden als er.

»Stören wir dich auch nicht beim Erfinden?«, fragte der Osterhase als Sprecher der dankbaren Besucherschar. »Hast du Zeit für ein Osterpicknick mit uns allen?«

»Ob ich Zeit habe?«, wiederholte Leonardo. »Aber ja doch. Jede Menge.«

Er hatte soeben beschlossen, das Erfinden eines Freundesuchgerätes auf unbestimmte Zeit zu verschieben.

# Der Biber und die Bisamratte

von Käthe Recheis

Einst, vor langer Zeit, waren Biber und Bisamratte die besten Freunde.

Sie suchten gemeinsam nach Futter, schliefen im selben Bau, und wann immer einer von beiden im See schwamm, leistete ihm der andere dabei Gesellschaft.

Damals hatten Biber einen dünnen langen Schwanz, die Bisamratte dagegen hatte einen, der groß und breit war. Beim Schwimmen und Tauchen eignete er sich gut zum Steuern. Schlug die Bisamratte damit aufs Wasser, knallte es laut. Das war sehr nützlich, wenn die Bisamratte einen Wolf oder Luchs oder sonst einen Feind am Ufer entdeckte und den Biber warnen wollte.

»Ist er nicht prächtig, mein Schwanz?«, sagte die Bisamratte wie schon oft zuvor. Sie wurde nie müde, ihn zu bewundern.

»Ich wollte, meiner wäre so wie deiner«, sagte der Biber und schaute betrübt auf sein dünnes Schwänzchen.

»Alles kann man nicht haben«, tröstete ihn die Bisamratte. »Dafür bist du größer und stärker als ich.«

Aber das war es ja, was den Biber kränkte! Eigentlich hätte es umgekehrt sein müssen. Das dünne Schwänzchen hätte viel besser zu seinem kleinen Freund gepasst und der Bisamrattenschwanz wäre gerade recht für ihn, den großen starken Biber, gewesen.

So sehr beneidete der Biber seinen Freund, dass ihm nichts mehr Freude machte. Schwammen die beiden im See, dachte er daran, wie ungerecht es war, dass die Bisamratte etwas besaß, was er selbst nicht hatte. Ruhten sie sich im Bau aus, musste er auch daran denken. Beim gemeinsamen Fressen schmeckte ihm nicht einmal mehr die zarteste Rinde oder das saftigste Blatt.

Schließlich hielt der Biber es nicht mehr aus und beschloss, seinen Freund zu überlisten.

»Lass uns die Schwänze tauschen«, bat er. »Nur für ganz kurze

Zeit. Einmal in meinem Leben möchte auch ich so einen Schwanz haben wie du!«

Die Bisamratte konnte ihrem Freund keinen Wunsch abschlagen, also tauschten die beiden die Schwänze.

Der Biber schwamm im See umher, tauchte unter und tauchte wieder auf und schlug mit dem neuen Schwanz aufs Wasser, dass es knallte.

Die Bisamratte saß am Ufer und freute sich, weil ihr Freund glücklich war. Als jedoch der Biber immer weiter in den See hinausschwamm, statt ans Ufer zu kommen, rief die Bisamratte: »Freund Biber, lass uns die Schwänze wieder tauschen!«

»Noch nicht! Noch nicht!«, rief der Biber. »Gönn ihn mir noch eine kleine Weile!«

Die Bisamratte wartete geduldig, aber der Biber kam nicht zurück ans Ufer. »Jetzt ist es genug!«, rief die Bisamratte endlich. »Komm sofort zu mir! Ich will meinen Schwanz wiederhaben.«

»Dann hol ihn dir!«, rief der Biber. »Aber wenn du ihn haben willst, musst du mit mir kämpfen. Und vergiss nicht, ich bin größer und stärker als du.«

Die Bisamratte mochte bitten und betteln, soviel sie wollte, es nützte ihr nichts. Der Biber behielt den großen breiten Schwanz, sie selber musste sich mit dem langen dünnen zufriedengeben. Zu ihrem Kummer erkannte sie, wie vergänglich Freundschaft sein kann, wenn einer etwas hat,
das der andere haben will.

# Wer ist der Größte?

von Paul Maar

Zwei Inuit-Jungen stritten sich auf dem Heimweg von der Schule, wer der Größere sei. Der eine Junge hieß Jonah, der andere Enuki.

Jonah und Enuki stellten sich nebeneinander, schielten nach oben und versuchten herauszufinden, ob einer den anderen vielleicht um ein paar Zentimeter überragte.

Jonah behauptete: »Es steht eindeutig fest: Ich bin der Größere von uns beiden.«

Enuki lachte und sagte: »So? Wie fest steht es denn?«

»So fest wie ein Eisblock im Januar«, sagte Jonah.

Enuki hielt die eine Hand flach auf seinen Kopf und die andere auf den von Jonah, sodass sich seine Fingerspitzen berührten und sagte: »Ich bin einen ganzen Fingerbreit größer.«

»Ja, weil du dich auf die Zehenspitzen stellst«, sagte Jonah.

Weil sie sich nicht einigen konnten, beschlossen sie, die alte Leah zu fragen.

Leah war die Großmutter von Enuki. Bei den Inuit hört man noch sehr auf die Alten und bittet sie bei allen wichtigen Entscheidungen um ihren Rat.

Großmutter Leah war gerade dabei, eine Fischdose zu öffnen, als die beiden Jungen zu ihr kamen und von ihrem Streit erzählten.

Sie stellte die Dose zur Seite und sagte: »Ist es wirklich so wichtig zu wissen, wer der Größere ist? Dann setzt euch mal zu mir. Ich will euch eine Geschichte erzählen, eine alte Geschichte, die schon mein Großvater von seinem Vater gehört hat. Die Geschichte vom eingebildeten Mond und vom Hasen, dem es ganz schlecht bekam, dass er sich für den Größten hielt. Aber ich will ja nicht alles vorher verraten. Also, hört zu:

Einmal, als der Mond seinen üblichen Weg von einem Rand des Nachthimmels zum anderen nahm und dabei auf die silberglänzende Erde blickte, konnte er es sich nicht verkneifen, laut und stolz hinabzurufen: »Ich bin der Größte! Seht her: Ich bin der Größte!«

Da hörte er von unten ein Stimmchen: »Stimmt nicht, ich bin größer.«

Der Mond war so verblüfft, dass er aufhörte, seine Bahn über den nächtlichen Himmel zu ziehen, und einen Augenblick still-stand, während er hinunterrief: »Wer da unten ist angeblich grö-ßer als ich?«

»Ich«, antwortete das Stimmchen.

»Wer ist ›ich‹?«

»Ich, die Wasserpfütze.«

»Und wie kommt eine Pfütze auf die verwegene Idee, sie sei größer als ich?«, fragte der Mond.

»Schau doch: Du bist hier in mir, und um dich herum ist noch ein Stück von meinem Wasser zu sehen«, sagte die Pfütze. »Also muss ich größer sein als du.«

Der Mond sah hinunter, betrachtete sein Bild in der Pfütze, und drum herum war tatsächlich noch ein schmaler Rand ihres Wassers zu sehen.

»Hm«, brummte er. Diesem Beweis konnte er nichts entgegenhalten. »Es ist ja auch gar nicht so wichtig, ob jemand größer oder kleiner ist«, sagte er leichthin. »Dann will ich mich mal wieder auf den Weg machen.«

Als kurz darauf ein Hase in die Nähe der Wasserpfütze kam, hörte er sie schon von Weitem rufen: »Ich bin die Größte. Ich bin wirklich und wahrhaftig die Größte.«

»Könntest du mir bitte erzählen, weshalb du die Größte bist«, bat der Hase mit leiser Stimme. »Natürlich nur, wenn es dir nichts ausmacht.« Er war ein sehr höfliches Tier.

»Nun, das ist einfach erklärt«, sagte die Pfütze. »Siehst du den Mond in mir?«

»Ja, den kann ich gut erkennen. Er ist rund und gelb«, flüsterte der Hase.

»Und siehst du auch, dass um den Mond herum noch ein ganzes Stück von mir ist?«, fragte die Pfütze weiter.

»Auch das kann ich gut erkennen«, flüsterte der Hase.

»Na also!«, sagte die Pfütze stolz.

»Wenn du gestattest, möchte ich dich höflich bitten, mir trotzdem etwas genauer zu erklären, weshalb du deswegen die Größte bist«, sagte der Hase flüsternd.

»Gerne. Aber sag mir erst, warum du immer so leise sprichst«, sagte die Pfütze.

»Wir Hasen pflegen zu flüstern, weil uns sonst der Fuchs hören könnte«, erklärte der Hase ihr.

»Ich verstehe«, sagte die Pfütze. »Nun pass auf: Ist es nicht so, dass alle Welt denkt, der Mond sei der Größte?«

»Ja, so habe ich es auch gehört. Zumindest bei Nacht«, flüsterte der Hase.

»Aber wenn der Mond in mich hineinpasst und um ihn herum noch ein ganzes Stück von mir zu sehen ist, muss ich doch größer sein als er«, sagte die Pfütze. »Ist das nicht logisch?«

»Ja, das klingt zweifellos logisch«, flüsterte der Hase. »Aber nun darf ich dir, der Allergrößten, wohl endlich sagen, warum ich zu dir gekommen bin.«

»Ja, das darfst du«, erlaubte die Pfütze.

»Ich bin nämlich sehr, sehr durstig«, fing der Hase an.

»Und?«, fragte die Pfütze.

»Und deshalb«, fuhr der Hase fort, »deshalb muss ich dich höflichst darauf vorbereiten, dass ich dich nun austrinken werde.«

Damit streckte er seine Schnauze in die Pfütze, trank und trank, bis das ganze Wasser in seinem Bauch verschwunden war. Dann leckte er sich mit seiner kleinen, spitzen Zunge die letzten Wassertropfen von den Barthaaren, drehte sich um und wollte davonschleichen.

Aber plötzlich hielt er inne und dachte nach.

Was hat diese Pfütze gesagt?, überlegte er. Sie sei die Größte, weil der Mond in ihr ist und außen herum noch ein Stück von ihr. Aber wenn diese Pfütze in meinen Bauch passt, muss ich doch größer sein als sie. Und wenn ich größer bin als die Größte, bin ich ja der Größte. Es ist nicht zu glauben, aber ich, der Hase, bin der Größte.

Voller Begeisterung richtete er sich auf, trommelte mit den Vorderpfoten gegen seine Brust und schrie dabei: »Ich bin der Größte! Ich bin der Allerallergrößte!«

Ein hungriger Fuchs hörte das Geschrei des Hasen, kam gleich angerannt, schnappte sich den Hasen und fraß ihn auf.

Der Mond oben am Himmel hatte alles beobachtet. Er dachte eine Weile nach, dann sagte er zu sich: »Erst war ich in dieser Pfütze, dann hatte der Hase die Pfütze in sich, und nun hat der Fuchs den Hasen in seinem Bauch. Und wo bin ich jetzt? Ich bin immer noch hier. Irgendetwas stimmt da nicht. Diese Pfütze hat gelogen. Genau so ist es: Die Pfütze hat gelogen. Ich bin doch der Größte!«

Schon fing er an, wieder »Ich bin der Größte! Seht her: Ich bin der Größte!« zu rufen, da hielt er inne, denn in diesem Augenblick tauchte die Sonne über dem Horizont auf.

»Nanu, du bist noch da?«, sagte sie erstaunt. »Guten Morgen, lieber Mond.«

»Guten Morgen, Sonne«, antwortete er. »Ja, ich habe mich wohl ein bisschen verträdelt.«

»Was hast du eigentlich gerufen bevor ich kam?«, fragte die Sonne.

»Ach, nicht von Bedeutung. Ganz und gar unwichtig«, sagte der Mond schnell. »Ich wollte sowieso gerade gehen. Gute Nacht.«

Damit verschwand er hinter dem Horizont.

Die Sonne aber stieg höher

und höher und wärmte mit ihren Strahlen alles unter sich: Die Erde, die Pflanzen, die Tiere und die Menschen. Sie musste niemand sagen, dass sie die Größte ist.

Denn alle wussten es.

Als Großmutter Leah ihre Geschichte beendet hatte, sah sie Enuki und Jonah an und sagte: »Jetzt aber muss ich wohl euren Streit schlichten. Wer von euch meint also, dass er der Größere ist?«

»Jonah hat gesagt, dass er größer ist«, antwortete Enuki.

»Ja, und Enuki behauptet, dass er es ist«, sagte Jonah.

»Dann stellt euch mal Rücken an Rücken«, sagte Großmutter Leah. Sie trat einen Schritt zurück und betrachtete die beiden Jungen. »Ich dachte es schon. Ihr seid genau gleich groß. So, und nun könnt ihr gehen und mich in Ruhe meine Fische essen lassen.«

»Es ist mir eigentlich egal, wer der Größere ist«, sagte Enuki im Hinausgehen.

»Mir auch«, sagte Jonah. »Aber eines steht fest wie ein Eisblock im Januar. Der Stärkere von uns beiden bin ich!«

# Das Schwein, das unter die Hühner ging

von Rafik Schami

Auf einem alten Bauernhof lebten einst viele Hühner und Schweine. Sie lebten dort sehr glücklich. Es gab immer genug zu essen und zu trinken. Der Hahn hatte einen prächtigen Misthaufen, auf dem er jeden Morgen die Sonne mit seinem »Kikeriki« begrüßen konnte, und die Schweine hatten eine große schlammige Pfütze, in der sie sich nach dem Mittagessen genüsslich suhlen konnten.

Die Hühner und die Schweine waren sehr höflich zueinander. Wenn sie einander begegneten, sagten sie »Guten Tag, Herr Nachbar« oder »Wie geht es Ihnen, Frau Nachbarin?«. Und abends riefen sie »Gute Nacht!«, bevor sie in ihren Ställen schlafen gingen. Aber trotzdem spielte kein Huhn jemals mit einem Schwein. »Ein Schwein kann nicht einmal über den Zaun fliegen«, dachten die Hühner, während gleichzeitig viele Schweine davon träumten, eines Tages fliegen zu können.

Hin und wieder ärgerte sich der Hahn über ein Schwein, wenn es versuchte, vom Misthaufen auf den Hof hinunterzurutschen, dabei kopfüber auf die Nase purzelte und den ganzen Misthaufen durcheinanderbrachte.

Auch die Schweine spielten nie mit den Hühnern. Kein Huhn konnte verstehen, wieso die Schweine sich um die Wette im Schlamm wälzten.

»Nein, meine Federn werden schmutzig. Wir Hühner mögen keine dreckigen Federn«, antwortete deshalb jedes Huhn schnippisch, wenn ein Schwein es zum Spielen einlud. Die Hühner wollten auch nie »Schubsen« spielen, sie hatten Angst, zerquetscht zu werden.

»Was können sie denn außer dem blöden Eierlegen und Fliegen?«, ärgerten sich dann die Schweine und wandten sich grunzend ab.

Manches Huhn wiederum wollte auch so kräftig wie ein Schwein

werden, aber sosehr es auch Körner aufpickte, nie wurde ein Huhn so schön rund und kräftig. Dennoch waren die Hühner sehr zufrieden mit ihrem Leben, und wenn nicht ab und zu ein gemeiner Fuchs durch das kaputte Fenster in ihren Stall geschlichen wäre und eine ihrer Schwestern gerissen hätte, wären sie die glücklichsten Hühner der Welt gewesen.

Die Schweine hatten natürlich keine Angst vor dem Fuchs, und so waren sie alle rundherum zufrieden. Alle? Nein! Das Schwein Albin war unglücklich! Albin hatte von Geburt an eine schneeweiße Haut und nicht so eine rosige wie alle anderen Schweine. Deshalb wurde er von den anderen ausgelacht. Wenn die Schweine Verstecke spielten, wurde Albin immer als Erster gefunden, sosehr er sich auch bemühte, still hinter einem Busch zu stehen. Nur einmal blieb er lange unentdeckt. Es war Winter, und überall lag Schnee. Albin stand ganz still und lächelte zufrieden vor sich hin. Als aber ein Hund kam und Albin für einen Stein hielt, sein Bein hob und pinkelte, quiekte Albin entsetzt. Die anderen Schweine wälzten sich vor Lachen.

»Albin ist ein Hundeklo!«, riefen sie im Singsang, und seit diesem Tag wollte kein Schwein mehr mit ihm spielen. Auch dann nicht, wenn Albin sich wie die anderen im Schlamm gewälzt hatte. »Ach Gott, wie dreckig du bist!« Die das riefen, waren zwar genauso dreckig, aber bei Albin sah man den Schmutz sofort. So blieb Albin oft allein und träumte von einer Welt voller weißer Schweine.

Eines Tages sah Albin ein altes Huhn verschreckt gackernd aus dem Stall rennen. Der Hahn hatte es wütend verjagt, begleitet vom wilden Gekeife der anderen Hühner. »Elende Henne! Du sollst selber Eier legen!« Und noch vom Misthaufen herab verfluchte der Hahn das ängstliche Huhn als Dieb.

Keuchend erreichte das alte Huhn die ferne Ecke, in die sich Albin bereits zuvor zurückgezogen hatte.

»Na, was hast du denn angestellt?«, brummte Albin gutmütig. Das alte Huhn holte tief Luft und schüttelte den Kopf: »Ach, nicht der Rede wert, ich bin alt geworden und kann keine Eier mehr legen. Wenn der Bauer das erfährt, wirft er mich in den Topf. Wir sind vierzig Hühner, habe ich ihnen gesagt, und wenn jede Nachbarin mir ab und an ein Ei gibt, wird der Bauer nichts merken.«

»Wie denn? Kann er nicht zählen?«

»Der Bauer zählt die Eier nicht, mal sind es fünfundzwanzig, mal neunundzwanzig. Es macht ihm nichts aus. Wenn er aber sieht, dass immer bei mir ein Ei fehlt, dann wird er mir nicht einmal mehr das Wasser zum Trinken geben, und dann …« Das Huhn fing bitterlich an zu weinen.

»Ach so!«, rief Albin entsetzt.

»Ich habe ihnen gesagt, ich könnte ihren Küken Märchen erzählen, wenn sie keine Zeit für sie haben«, schluchzte das alte Huhn, »aber diese Dummköpfe haben mir nicht einmal zugehört. Der Hahn hat mich verstoßen, jetzt mögen mich alle nicht mehr!«

»Ach was, mir macht es nichts aus. Ich mag dich, auch wenn du keine Eier legst. Wie heißt du denn?«

»Lila!«, antwortete das Huhn. »Magst du mich wirklich?«, fragte es dann leise.

»Ja, klar, wenn ich es dir sage! Komm, wir spielen zusammen!«, rief Albin, und die beiden spielten vergnügt den ganzen Tag.

»Schaut her! Schaut her! Der Albin ist übergeschnappt, er hat ein Huhn als Freundin.« Die Schweine schüttelten verständnislos den Kopf.

»Tja, was habe ich gesagt«, krähte der Hahn. »Sie ist verrückt geworden, kein Wunder bei dem Alter! Schaut euch nur die dreckigen Federn an. So ist es, wenn ein Huhn ein Schwein zum Freund hat.«

Die Hühner fielen natürlich sofort in das Gezeter des Hahnes ein. Aber das machte den beiden Freunden gar nichts aus. Sie erfanden immer neue Spiele und kamen an diesem Tag aus dem Lachen nicht mehr heraus.

Als es Abend wurde, beschlossen beide, draußen auf dem Hof zu bleiben. Sie versteckten sich im Heu, bis der alte Bauer die Stalltüren abgeschlossen und sich mit schweren Schritten ins Haus begeben hatte.

Es war Vollmond. Albin und Lila saßen auf dem Misthaufen und schauten den Mond, die Sterne und die Felder an. Sie erzählten sich Geschichten von ihren Träumen und spürten nicht, wie schnell die Zeit verging. Als es wieder dämmerte, versteckten sie sich tief

im Heu. Bald öffnete der Bauer die Türen, der Hahn krähte, aber Albin und Lila schnarchten in ihrem Versteck bis zum Mittag. Von Tag zu Tag und von Nacht zu Nacht verstanden sie sich besser.

Eines Nachts schauten beide tief in Gedanken versunken in die Ferne. Der Vollmond hatte die Felder wieder mit seinem schönen, silbernen Glanz überzogen. Albin und Lila konnten sich kaum sattsehen am prächtigen Bild dieser Landschaft. Plötzlich schreckte Lila auf. Sie reckte sich, um besser sehen zu können, und wirklich, jetzt sah sie ihn, den Fuchs! Vor lauter Aufregung bekam sie Schluckauf.

»Was machst du denn für komische Geräusche? Hast du dich verschluckt?«, fragte Albin.

»Der Fu..., der Fu..., der Fuchs«, stotterte Lila.

»Du brauchst doch keine Angst vor dem Fuchs zu haben! Ich bin doch bei dir«, beruhigte Albin sie stolz.

»Ja, aber die anderen ...«, flüsterte Lila leise. Alle Federn standen ihr zu Berge.

»Komm, ich habe eine Idee«, sagte Albin und erklärte Lila seinen Plan. Beide kicherten leise und eilten zum Hühnerstall. Lila stieg auf Albins Rücken und zog den Riegel auf. Und während Albin vorsichtig in den Hühnerstall schlüpfte, rannte Lila zurück zum Schweinestall, flatterte leise durch das zerbrochene Fenster in den Stall hinein und versteckte sich unter der Fensterbank. Kein Schwein hatte es bemerkt, aber drüben im Hühnerstall wachte der Hahn auf, als Albin auf dem Weg zum Fenster auf eine Schüssel trat.

»Jetzt bringt dieses verrückte Huhn auch noch das Schwein mit nach Hause!«, rief der Hahn verärgert, und die Hühner gackerten zustimmend.

»Psssst! Seid doch leise! Der Fuchs ist draußen«, flüsterte Albin.

»Oh Gott, der Fu..., der Fuchs«, krächzten die Hühner ängstlich. Der Fuchs erreichte den Hühnerstall und wollte wie gewohnt durch das kaputte Fenster schleichen, doch er bekam einen Riesenschreck, als er Albin dahinter erblickte.

»Na, alter Fuchs! Wie geht's, wie steht's?«, fragte Albin den verdutzten Fuchs.

»Ach, danke, es geht so, aber sag mal, was machst du denn hier? Das ist doch ... , das ist doch der Hühnerstall!«

»Nein, hier wohnen jetzt wir. Die Hühner sind in den anderen Stall gezogen«, antwortete Albin laut.

Drüben fing Lila an, leise zu gackern.

»Ich danke dir«, sagte der Fuchs erleichtert, als er das verräterische Gackern hörte. »Ich wusste nicht, dass Schweine den Füchsen helfen, wenn ich das meinen Freunden erzähle, wird keiner mir glauben.«

»Oh doch«, erwiderte Albin. »Aber pass auf, die Hühner sind dicker geworden.«

»Na, das ist ja prima! Ich habe einen riesigen Hunger.« Dem Fuchs lief das Wasser im Mund zusammen. Er machte kehrt, lief über den Hof und sprang mit einem Satz in den dunklen Stall hinein.

Die Schweine quiekten erschreckt auf, rannten blind im Stall umher und trampelten den Fuchs nieder. Und jedes Mal, wenn er sich gerade wieder aufrappeln wollte, wurde er erneut von einem Koloss zu Boden geworfen. Der Fuchs schrie so entsetzt und schmerzerfüllt um Hilfe, dass alle Hühner lachten. Denn sie hatten in dieser Nacht zum ersten Mal keine Angst mehr vor dem Fuchs.

»Verfluchter und verhexter Hof! Die Hühner sind zu Schweinen geworden!« Mit größter Mühe hatte sich der Fuchs durch das Fenster ins Freie gerettet, machte sich davon und schwor laut, diesen Hof nie wieder zu betreten.

»Ich sagte dir doch, sie sind dicker geworden«, klang Albins Stimme noch lange schadenfroh in seinen Ohren.

Der Hahn aber bedankte sich bei Albin und Lila. Er war beschämt, dass er Lila beschimpft hatte, bloß weil sie keine Eier mehr legen konnte. Und die Schweine waren stolz auf ihren Albin, der den schlauen Fuchs reingelegt hatte. Jetzt wollten sie alle mit ihm spielen, aber er spielte weiterhin am liebsten mit Lila.

»Am besten ist es«, rief er übermütig und auch ein wenig stolz seinen neuen Freunden zu, »jede Sau befreundet sich mit einem Huhn und jedes Huhn mit einem Schwein!«

# Mensch ärgere dich nicht!

von Isabel Abedi

An einem sonnigen Freitag im Mai zog Noras Oma um. Von ihrer Wohnung, in der sie dreißig Jahre lang gewohnt hatte, in ein Altersheim.

Eigentlich war Noras Oma noch gar nicht so alt. Wenn sie lachte, sah sie aus wie ein junges Mädchen, und Noras Oma lachte viel. Außer sie spielte Mensch-ärgere-dich-nicht und verlor – da konnte sie schimpfen wie ein Rohrspatz.

Alt war nur Omas Körper. Ihr Rücken war ganz krumm, und das Treppensteigen machte ihr furchtbare Mühe. Vor einem Monat aber war sie in der Dusche so schlimm gestürzt, dass sie sich fast ein Bein gebrochen hätte. Da hatte Mama sie überredet, in ein Altersheim zu ziehen. Dort war gerade ein Platz frei geworden.

»Was soll's«, seufzte Oma. »Auf Dauer hätte ich sowieso nicht mehr allein in meiner Wohnung leben können.«

Sie lächelte Nora an, aber in ihren Augen glitzerten Tränen. Nora musste sich auf die Lippen beißen, um nicht mitzuweinen. Während Mama und Papa die letzten Umzugskisten packten, hielt Nora Omas Hand.

»Soll das hier auch mit?«, fragte Mama und hielt das Mensch-ärgere-dich-nicht-Spiel hoch.

Nora nickte, aber Oma zuckte nur mit den Schultern und seufzte.

Dann klingelte auch schon die Umzugsfirma.

»Fertig!«, sagte Mama. »Es kann losgehen.«

Das Altersheim lag am Rand der Stadt. Es hieß Rosenhof und sah von außen aus wie ein Hotel. Es hatte eine große Empfangshalle, ein von Rosenhecken geziertes Gartencafé und Aufzüge, die zu den Apartments führten. So hießen die Wohnungen im Rosenhof. Omas Apartment hatte die Nummer 33 und lag im dritten Stock.

»Ist doch hübsch hier, findest du nicht?«, fragte Mama fröhlich, als die Pflegerin ihnen die Tür aufschloss. »Schau mal, du hast sogar einen kleinen Balkon.«

Oma stand nur da und seufzte. Plötzlich kam sie Nora ganz klein und verloren vor.

Mama und Papa fingen an, die Kisten auszupacken, und als Oma zum zehnten Mal seufzte, schlug Papa vor: »Warum geht ihr zwei nicht in den Rosengarten? Dort könnt ihr ein Eis essen, und wenn ihr wiederkommt, haben wir den Großteil schon geschafft.«

Oma seufzte zum elften Mal. Aber Nora nahm Oma an die Hand und zog sie mit sich nach draußen. Im Flur begegnete ihnen ein alter Herr. Er trug Pantoffeln und machte beim Gehen schlurfende Geräusche. Oma seufzte zum zwölften Mal.

Das Café im Rosengarten war gut besucht. Die Sonne schien, und

alle Tische waren besetzt. So viele alte Menschen auf einmal hatte Nora noch nie gesehen. Manche sahen aus, als wären sie mindestens hundert Jahre alt.

»Hier ist kein Platz mehr«, sagte Oma zu Nora und seufzte zum dreizehnten Mal. Da ertönte von einem der hinteren Tische plötzlich eine laute Stimme: »So ein Schweinemist!«

Erschrocken reckte Nora den Hals und grinste. An dem hinteren Tisch saßen eine ältere Dame mit grauem Dutt und ein Mädchen mit Pippi-Langstrumpf-Zöpfen. Vor den beiden lag ein Mensch-ärgere-dich-nicht-Spiel. Das Schimpfen war von der älteren Dame gekommen.

Als sie Nora und ihre Oma jedoch bemerkte, winkte sie ihnen lachend zu: »Hier sind noch zwei Plätze frei!«

Ein winziges Lächeln huschte über das Gesicht von Noras Oma.

»Ich heiße Mona«, sagte das Mädchen mit den Pippi-Langstrumpf-Zöpfen. Ihre Großmutter hieß Magdalena Meyer.

»Sie sind neu hier, nicht wahr?«, fragte sie Noras Oma.

Noras Oma nickte. »Nummer 33«, sagte sie.

»Dann sind wir ja Nachbarinnen«, sagte Magdalena Meyer erfreut. »Ich wohne in Nummer 32. Sie spielen nicht zufällig gern Mensch-ärgere-dich-nicht?«

Nora kicherte, und ihre Oma musste lachen. »Zufällig doch«, sagte sie.

Als Mama und Papa zwei Stunden später in den Rosengarten kamen, waren die meisten Tische leer. Nur ganz hinten saßen zwei Mädchen mit ihren Großmüttern und spielten Mensch-ärgere-dich-nicht.

Durch den Rosengarten schallten die Stimmen der Großmütter.

»Da wird doch der Hund in der Pfanne verrückt!«

»Ich glaub, mein Schwein pfeift!«

»Da geht einem der Hut hoch!«

»Verflixter Vogelmist!«

»Was ist denn hier los?«, fragte Mama erschrocken.

»Siehst du doch«, grinste Nora. »Wir spielen. Das ist meine neue Freundin Mona. Und das ist Magdalena Meyer, Omas neue Freundin.«

Von nun an besuchte Nora ihre Oma jeden Samstag im Rosenhof. Meistens war auch Mona da und besuchte ihre Großmutter nebenan. Sie aßen Eiscreme, unterhielten sich oder schauten sich Fotoalben an. Aber am liebsten spielten sie im Rosengarten Mensch-ärgere-dich-nicht. Mit zwei fluchenden Omas machte das nämlich doppelt so viel Spaß!

# QUELLENVERZEICHNIS

Edith Schreiber-Wicke: Leonardo
(erschienen in: Edith Schreiber-Wicke: Leonardo, Thienemann Verlag GmbH,
Stuttgart 1997)

Hortense Ullrich: Herr Schnäufel findet einen Freund
(aus: Hortense Ullrich/Daniela Kulot: Herr Schnäufel findet einen Freund,
Thienemann Verlag GmbH, Stuttgart 2002)

Maja von Vogel: Flaschenpost aus Australien
(erschienen in: Maja von Vogel, Kleine Strand-Geschichten zum Vorlesen,
Ellermann Verlag, Hamburg 2006)

# Vorlesen macht stark!

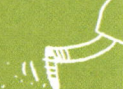

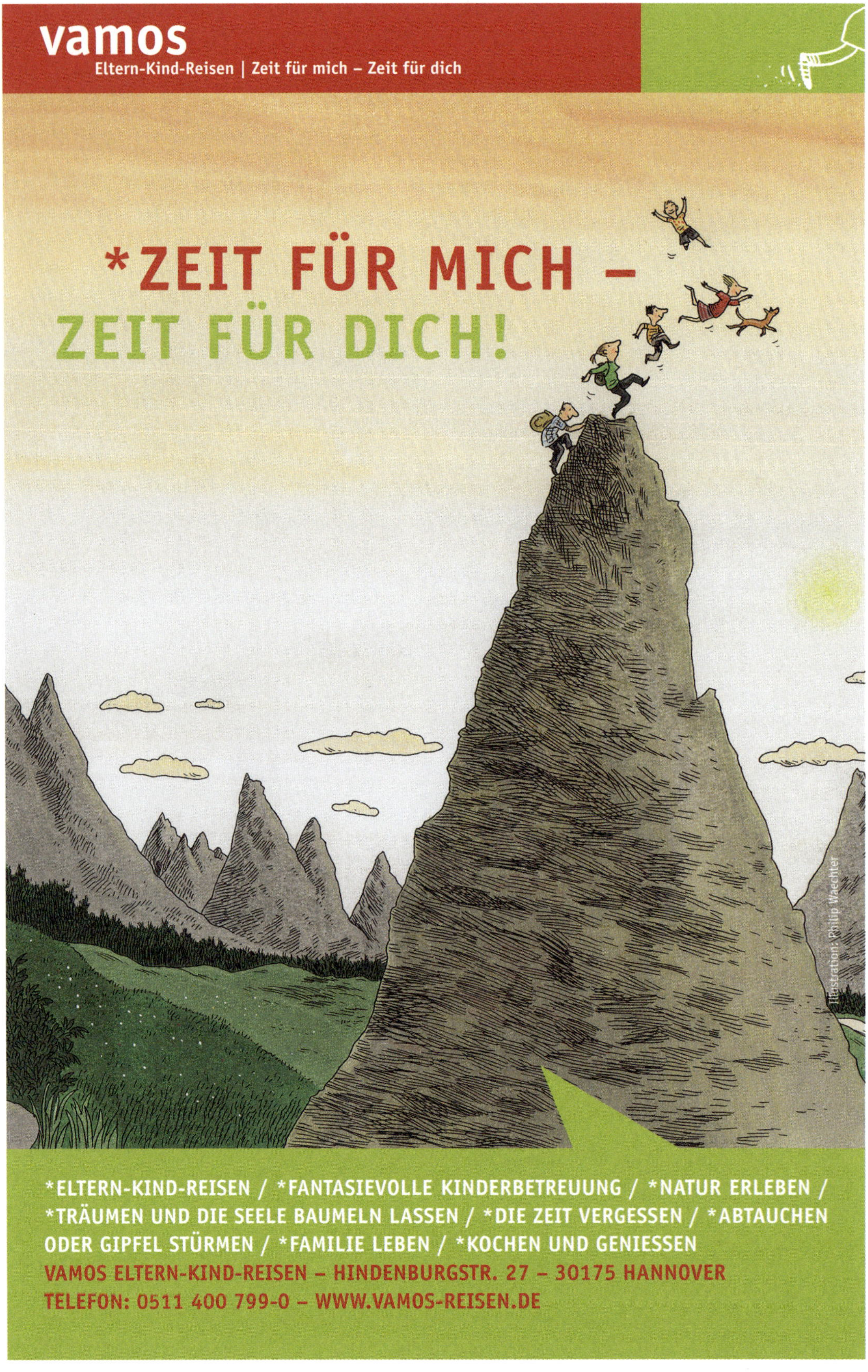
vamos
Eltern-Kind-Reisen | Zeit für mich – Zeit für dich
*ZEIT FÜR MICH –
ZEIT FÜR DICH!
Illustration: Philip Waechter
*ELTERN-KIND-REISEN / *FANTASIEVOLLE KINDERBETREUUNG / *NATUR ERLEBEN / *TRÄUMEN UND DIE SEELE BAUMELN LASSEN / *DIE ZEIT VERGESSEN / *ABTAUCHEN ODER GIPFEL STÜRMEN / *FAMILIE LEBEN / *KOCHEN UND GENIESSEN
VAMOS ELTERN-KIND-REISEN – HINDENBURGSTR. 27 – 30175 HANNOVER
TELEFON: 0511 400 799-0 – WWW.VAMOS-REISEN.DE